INNOVAR EN EL DESARROLLO CURRICULAR:
UNA PROPUESTA METODOLÓGICA PARA LA EDUCACIÓN SUPERIOR

INNOVAR EN EL DESARROLLO CURRICULAR:
UNA PROPUESTA METODOLÓGICA PARA LA EDUCACIÓN SUPERIOR

Víctor Manuel Rosario Muñoz
Maritza Alvarado Nando

RED DE ACADÉMICOS DE IBEROAMÉRICA AC

Copyright © 2019 por Víctor Manuel Rosario Muñoz y Maritza Alvarado Nando.

Número de Control de la Biblioteca del Congreso de EE. UU.: 2019915736
ISBN: Tapa Dura   978-1-4633-9740-1
       Tapa Blanda   978-1-4633-9741-8
       Libro Electrónico 978-1-4633-9742-5

Todos los derechos reservados. Ninguna parte de este libro puede ser reproducida o transmitida de cualquier forma o por cualquier medio, electrónico o mecánico, incluyendo fotocopia, grabación, o por cualquier sistema de almacenamiento y recuperación, sin permiso escrito del propietario del copyright.

Las opiniones expresadas en este trabajo son exclusivas del autor y no reflejan necesariamente las opiniones del editor. La editorial se exime de cualquier responsabilidad derivada de las mismas.

Fecha de revisión: 11/10/2019

Palibrio
1663 Liberty Drive
Suite 200
Bloomington, IN 47403

INNOVAR EN EL DESARROLLO CURRICULAR: UNA PROPUESTA METODOLÓGICA PARA LA EDUCACIÓN SUPERIOR

VÍCTOR MANUEL ROSARIO MUÑOZ
MARITZA ALVARADO NANDO
INVESTIGADORES
RESPONSABLES TÉCNICOS

GRUPO DE INVESTIGACIÓN PARTICIPANTE

Arturo Martínez Pardo Mayra Lizeth López Pérez Araceli del Rosario Moreno Pérez Martha Elena Vázquez Arias Diego Manuel Delgadillo Gutiérrez Fernando Guadalupe Enríquez García Myriam Mercedes Espinosa de los Monteros Godínez Jonathan Alejandro González García Erik Márquez de León Ana Guadalupe Mendoza Maldonado David Mercado Prieto Javier Adolfo Moreno Arciniega David Guillermo Pasillas Banda

Becarios Conacyt de la Maestría en Gestión y Políticas de la Educación Superior

La Red de Académicos de Iberoamérica A.C y el Instituto para el Desarrollo de la Investigación e Innovación Educativa en Iberoamérica S.C, como organismos de la sociedad civil, tienen entre sus objetivos generar el debate a través de la publicación de los resultados de sus investigaciones, eventos académicos, reportes de experiencias de innovación, sistematización de buenas prácticas y desarrollo de proyectos especiales tanto de carácter social, educativo y cultural.

Las convocatorias a la comunidad académica internacional para la generación de reflexiones académicas sobre asuntos de actualidad y de carácter emergente, de ensayos críticos en el ámbito socioeducativo, representan una oportunidad para edificar nuevos escenarios y aportar para el diseño de políticas públicas de la educación para la Región Iberoamericana. Se trata de construir y formalizar nuevos escenarios en el marco de una sociedad cada vez más compleja, heterogénea y de grandes oportunidades para fortalecer el tejido social.

La Red de Académicos y el Instituto asumen su compromiso de promover su producción académica de una manera expedita, con rigor científico, así como en los contenidos de su línea editorial. Utiliza como método para certificar, la calidad de sus productos, la triangulación con pares académicos de otras instituciones educativas de la Región. La responsabilidad de su producción bibliográfica está a cargo de los miembros de la Red, académicos de reconocido prestigio en el campo de las ciencias sociales, de la conducta y educación.

Red de Académicos de Iberoamérica A.C.
Instituto para el Desarrollo de la Investigación e
Innovación Educativa en Iberoamérica S.C.
www.idiiei.org

El contenido de la presente obra fue evaluado y dictaminado por un comité de pares mediante el método de doble ciego, por investigadores nacionales pertenencientes al Sistema Nacional de Investigadores y miembros de la Red de Académicos de Iberoamérica A.C, quienes valoraron con los siguientes criterios de calidad académica: originalidad, aporte al conocimiento, pertinencia de la obra y actualidad e interés del tema.

Comité Dictaminador

Miembros del Sistema Nacional de Investigadores

Rosa Rojas Paredes, Ricardo Pérez Mora, Favio Murillo García, Iván Alejandro Salas Durazo, Siria Padilla Partida, Pedro Reynaga Estrada

Red de Académicos de iberoamérica A.C

Gerardo Alberto Varela, María Lucila Robles Ramos, David Elicerio Conchas, Oscar Zaragoza Vega, Sara Robles Rodríguez

ÍNDICE

INTRODUCCIÓN xiii

I.- LA COMPLEJIDAD DE LA EDUCACIÓN: LAS DETERMINANTES SOCIALES Y EDUCATIVAS DE UN MUNDO CAMBIANTE 1

    1.1.- El dilema de los cambios vertiginosos en los últimos años 1
    1.2.- El acto de educar: ¿por qué? y ¿para qué? 10

II.- EL CURRICULUM COMO PROYECTO SOCIOEDUCATIVO: UN ACERCAMIENTO A SU CONCEPTUALIZACIÓN 27

    2.1. Hacia una conceptualización: enfoques y tendencias del currículum. 27
    2.2. El currículum como generador de capacidades básicas, específicas y para toda la vida. 40

III.- PRINCIPIOS METODOLÓGICOS PARA EL CAMBIO CURRICULAR 51

    3.1. Los constitutivos metodológicos 51
    3.2.- Los ámbitos de la transformación curricular 64
    3.3. ¿Qué hacer?: diseño, reestructuración, actualización y reforma curricular 68

IV.- DISEÑO E IMPLEMENTACIÓN DEL PROYECTO CURRICULAR: IMPACTO EN LOS ACTORES, ESTRUCTURAS ACADÉMICAS, PRÁCTICAS DOCENTES Y DE GESTIÓN 75

    4.1 Proyecto curricular e Intervención 75
    4.2. Fases para la intervención curricular 78
    4.3.- Ejemplo tipo de un programa para la innovación curricular 89
    4.4.- Indicadores que deberán contener las investigaciones en el ámbito del desarrollo curricular 113

REFERENCIAS BIBLIOGRÁFICAS 119

APÉNDICE ÚNICO 129

INTRODUCCIÓN

La presente obra es producto de la experiencia académica de los autores, desarrollada durante más de 25 años en proyectos de investigación y cambio curricular, en diversos programas educativos, en instituciones de educación superior en México. Asimismo, es el resultado de un proceso de investigación con estudiantes becarios de CONACyT, en la unidad de aprendizaje denominada *Diseño Curricular*, en el posgrado Gestión y Políticas Públicas de la Educación Superior de la Universidad de Guadalajara, México.

El origen de la prosa argumentativa se genera desde el propio proceso de investigación llevada a cabo a partir de las diferentes actividades de formación del estudiantado que participaron en el curso, durante el ciclo escolar 2013 – 2014.

La categoría transversal que orienta este trabajo se refiere a comprender al desarrollo curricular como el proceso histórico social que determina la posibilidad de que los sujetos que coinciden en una institución o en los diferentes actos, cuya intención es la formación de personas, tienen como eje central un programa educativo que invariablemente contiene los principios epistemológicos, éticos y sociales que se configuran a partir de las políticas públicas en materia educativa y que determina el tipo de ciudadano a formar, en los diferentes campos del conocimiento y niveles educativos.

Lo anterior se enmarca, muchas veces, en los retos que enfrentan las instituciones de educación superior, su complejidad e incertidumbre generada por la prevalencia de lo político, que pretende prefigurar y moldear las intenciones educativas en la vida cotidiana.

Es innegable que la responsabilidad de lo educativo se centra en la escuela, en la universidad como el espacio en el que sus actores deben poner en juego todos sus saberes para repensar las grandes rutas de la formación de las personas, más allá de localismos, nacionalismos y ubicar al aprendizaje como un derecho humano, que si bien parte del propio individuo, la responsabilidad es de quien ejerce la potestad de educar, establecidas en las cartas magnas de los estados.

Educar para la anticipación y la práctica de los valores que integran la columna vertebral para un hombre universal, que sea capaz de desplegar una práctica social para la trascendencia, representa, tal vez, uno de los retos y transformaciones inmediatas para la configuración de un nuevo curriculum para la educación superior, pertinente y solvente para el crecimiento de una sociedad.

El punto central de todo este entramado es el curriculum, concebido como la propuesta socioeducativa intencionada para la formación ciudadana, en los diferentes niveles educativos, reconociéndose de manera ampliada cualquier proceso que implique actos educativos, formales e informales, en cualquier espacio y tipo de organización. El curriculum, es el corazón de un proyecto educativo e institucional, materializado en un modelo cuyos constitutivos enmarcan las directrices desde donde se generan los programas educativos para la formación humana, cualesquiera que sean sus objetivos e intenciones.

Esta obra que se presenta a la comunidad educativa, pone énfasis en la dimensión metodológica del curriculum, es decir, en el saber hacer y responde a los cómo se hace diseño, actualización o reestructuración curricular. Cada uno de estos procesos, tienen su génesis en la etapa de desarrollo curricular que se pretenda configurar. En el caso de un nuevo programa educativo, una nueva oferta para una institución de reciente creación, se estaría frente a un diseño. Si ya es un programa educativo que se pretende revisar, hacerlo más pertinente en relación a los cambios en lo científico y profesional, sobre todo, si esto implicara la modificación del perfil del egresado, se estará en el camino para la reestructuración curricular. Finalmente, si se trata de mejorar las unidades de aprendizaje (materias, asignaturas, cursos...) respecto a sus contenidos, renovar bibliografía, métodos para el aprendizaje, recursos o procesos de evaluación, se estaría en la ruta de la actualización curricular.

Al hacer hincapié en el saber hacer curriculum, esta obra, tiene la finalidad de presentar, de manera sencilla cómo, desde los colectivos escolares o universitarios, puede movilizarse a toda una comunidad académica para llevar a cabo una práctica curricular, incluyente, humanista, que reconoce los valores fundamentales y emergentes, con sentido de pertenencia, con énfasis en la acción colegiada, que recuperan los saberes de los involucrados, con la problematización como método de trabajo y eje central del proceso, para arribar a la recuperación y sistematización de la práctica. Se trata, en efecto, de un proceso dialéctico: práctica – teoría - práctica y se concibe como un acto en formación permanente en contexto, con la finalidad de hacer colegiación para el cambio curricular.

El lector encontrará en cada uno de sus cuatro capítulos algunas directrices de carácter teórico y metodológico que son el marco para innovar en la práctica educativa e institucional, desde el propio curriculum y buscar la mejora continua de las escuelas como espacios intensos de interacción para la construcción de aprendizajes.

La aportación clave de este documento se ubica en la formulación de una propuesta para la formación curricular, desde una posición epistemológica crítica dialéctica, centrada en la acción de cada uno de los participantes, fundamentada desde el paradigma de la complejidad y que pone el acento en la transformación de las prácticas educativas y de gestión, tanto de docentes como directivos. En este sentido, la aportación teórica se materializa con los indicadores que deberán contener los trabajos de desarrollo curricular en cualquiera de los procesos o etapas que se seleccione para el inicio del cambio curricular. Siempre será, y no es negociable de manera participativa, horizontal, incluyente y observando en todo momento los valores transversales para toda la vida.

LA COMPLEJIDAD DE LA EDUCACIÓN: LAS DETERMINANTES SOCIALES Y EDUCATIVAS DE UN MUNDO CAMBIANTE

1.1.- El dilema de los cambios vertiginosos en los últimos años

El fenómeno educativo representa una expresión que se explica y determina a partir de múltiples variables que participan en la intención última cuando se trata de formar personas: el acto de educar. Esta idea lleva a reconocer las implicaciones sociales, económicas y educativas de un mundo cambiante para la educación hoy en día, de los retos que se deben asumir frente a una sociedad dinámica, cada vez más heterogénea y en donde se discuten una diversidad de temas emergentes en la educación como los derechos humanos, la diversidad cultural, el derecho a la paz, el emprendimiento social y el desarrollo sustentable. Nuevos paradigmas que explican el desarrollo económico y social que han generado explicaciones para formar individuos para un contexto y una sociedad del conocimiento que plantea nuevos retos a los sistemas educativos. Parece que el agotamiento del paradigma de la escolarización a ultranza, no representa la única posibilidad para educar a las generaciones que enfrentarán un contexto inédito, con incertidumbres más que certezas, en los diferentes ámbitos del conocimiento y de las ciencias.

Los avances, sin precedente de las tecnologías, su incorporación y aceleramiento en la generación de nuevos conocimientos en los diferentes campos de las ciencias, su implementación y concreción en la vida cotidiana, lo que ha dado lugar a la emergencia de varios paradigmas sobre nuevos saberes sociales, políticos, educativos. Todo ello no se puede comprender, si no se aborda desde el paradigma de la complejidad, en donde la realidad se conceptúa en permanente movimiento y se construye desde diferentes posiciones sobre lo que representa ser y estar, lo que exige entenderla en constante conflicto y negociación para, finalmente, reconocerla como diversa y heterogénea.

Así se comporta y se entiende el fenómeno educativo, como una expresión de la realidad que no puede prefigurarse, mucho menos, determinar que las cosas se comportarán o sucederán de tal o cual manera. Este planteamiento sobre lo educativo, permite, delinear que la complejidad en el espacio que se determine para formar a personas, no radica ni puede reducirse a actos de método, técnicos, mucho menos de instrumentos. Representa procesos en permanente reconstrucción, redescubrimiento, de poner en juego y como eje central la intencionalidad que se pretende en los procesos educativos y de la misión de educar en contextos en donde el cambio es la constante.

Es innegable que los cambios acelerados en los últimos 25 años, han determinado nuevas políticas públicas que han afectado y transformado la vida cotidiana de las personas en todos los rincones del planeta. La generación que se incorpora, en estos momentos, al mundo productivo, se ha desarrollado en el marco de un contexto en donde han emergido nuevos valores con acelerado bombardeos de nuevos y exponenciales paquetes de información.

En su esencia existe la concienciación de la virtualidad, son comunes, por su configuración cultural, las redes sociales y principalmente la incertidumbre como categoría existencial asumida como parte de su vida diaria. La relación profesión – salario, se concibe como una realidad que no se corresponde con los años de escolaridad. Esta generación tiene considerado que, para tener viabilidad, debe arriesgar más que esperar. Así surgen nuevas posibilidades para la formación de las presentes generaciones, propiciar competencias transversales en la formación universitaria como lo son: el emprendimiento, la construcción de redes, una ética ciudadana, el desarrollo humano, es decir la vinculación como la posibilidad de interactuar con un sentido productivo. Se reconoce que el mantenimiento del estatus quo, no genera valor agregado, por lo que el camino para la formación del futuro, es enfatizar en la formación de pioneros y no, como lógica de trabajo, la formación de colonos.

Zamorano, F. (2004), señala que en los últimos cincuenta años el mundo ha cambiado de manera acelerada por no decir vertiginosa: la tecnología, la ciencia la política, las formas de alimentación y la economía, entre otras grandes transformaciones.

En este sentido las transformaciones acaecidas entre 1989 y el año 2003 permiten hablar con propiedad del nacimiento de una nueva era, que el sociólogo español Castells, M. (1996) ha caracterizado como la era de la sociedad informacional. Una sociedad caracterizada por el ascenso de las nuevas tecnologías vinculadas a la revolución de las telecomunicaciones, donde internet se convirtió en el paradigma de los cambios acelerados que transformaron, en sólo un decenio, los sistemas de comunicación y la economía e indujeron, o incrementaron, el ritmo de las profundas transformaciones que estaban desarrollándose en la sociedad como la cultura y la política. Un término que hizo fortuna para caracterizar la nueva situación es "la globalización".

En el mundo, la economía ha sufrido cambios sustanciales hacia el último tercio del siglo XX que modificaron los parámetros de funcionamiento y regulación de los sistemas económicos que surgieron tras el fin de la segunda guerra mundial, por lo que se puede decir que dichas transformaciones han marcado el nacimiento de una nueva era la cual, nuevamente citando a Castells, la ha caracterizado como la sociedad de la información.

Algunas preguntas pertinentes al respecto se refieren a la identificación de los constitutivos de los cambios en el desarrollo social, económico, cultural, ambiental en el contexto de las naciones. ¿La globalización y la llamada era de la información y del conocimiento representan la solución a los problemas y grandes necesidades nacionales? ¿Qué beneficios ha generado para un desarrollo humano integral y económico? ¿Qué problemas ha generado este paradigma y enfoque económico social? En este sentido sería interesante aprender de las experiencias positivas y procurar amplificarlas y perpetuarlas mediante la implementación de políticas públicas que vayan encaminadas a solucionar los problemas, a partir de visiones alternativas, lo que obliga a revisar nuevas posibilidades en el contexto de las políticas educativas para el presente y futuro.

Tal vez como nunca se puede afirmar que se vive la era de las disrupciones. Se entiende como aspiración y deber ser, frente a los escenarios complejos y la posibilidad para seguir dos posibles caminos el de la anticipación o adaptación. Ante esta situación y como lo mencionan Tapscott D. y Williams, A. (2011), están trastocando por completo los viejos modelos industriales al igual que los discursos superficiales de los políticos en el sector público y de los directivos en las compañías dueñas de los mercados internacionales por parte del sector privado. Estos plantean soluciones para resolver problemas mundiales pero no pasan de ser las mismas propuestas de carácter básico donde se reclama mayor cooperación mundial, corregir los desequilibrios sistémicos que condujeron al triunfo de los mercados sobre la democracia y la justicia (crisis económica mundial del 2008) así como imponer gravámenes a la especulación financiera.

Estos supuestos "líderes" abogan por un cambio de valores, pero se mantienen la mayor parte de los antiguos postulados sobre el funcionamiento del mundo. Es por ello que seguimos estancados en la misma retórica demagoga y en donde las instituciones se mantienen en un atolladero, carentes de vitalidad, liderazgo y dinamismo. De este modo vemos que es apremiante la intervención y la participación de todos o la mayoría de la ciudadanía quienes por derecho y responsabilidad nos compete buscar respuestas a las problemáticas mundiales.

Pareciera, entonces, que la sobrevivencia de las instituciones que se estructuraron bajo las lógicas organizacionales del siglo XX, se encuentran en peligro si no entran en una inmersión total de cambio estructural, para lo cual Tapscott y Williams (2011) recomiendan asumir cinco principios: **colaboración,** mediante la contribución a la innovación en redes; **apertura,** donde es importante la franqueza, la transparencia y la flexibilidad; **uso compartido de los recursos** a través de la cesión o entrega de los activos, investigaciones y códigos abiertos, como el caso de la farmacéutica Novartis; **integridad,** requiere de honestidad, consideración y responsabilidad; **interdependencia**, todos enmarcados e interrelacionados, en donde las sociedades y naciones no son entes aislados.

Estos valores toman significado si se identifican como parte de un nuevo paradigma ético, una nueva forma de vivir tanto de las personas como de las instituciones. Una posibilidad, también de comprenderlo es, sin duda, desde la perspectiva del emprendimiento social, la generosidad, el respeto mutuo y la inclusión, lo que generaría nuevas políticas para una nueva actuación ciudadana.

De igual manera se hace alusión a que hoy día existe un nuevo motor de innovación y creación de riqueza, así como una nueva fuerza muy poderosa llamada la "colaboración social masiva" que reduce drásticamente los costes de participación ciudadana, y por lo tanto permiten que las comunidades colaboren en sus intereses, desafíos, y empeños colectivos, (Tapscott D. y Williams, A., 2011).

Por su parte en el sistema educativo, se debe aspirar a que las principales universidades están trabajando para construir una red global de enseñanza superior, un rico tapiz de recursos educativos de nivel mundial que cualquier alumno potencial del planeta puede utilizar y consultar durante toda su vida.

Un reto importante para las universidades hoy día es la transformación del modelo pedagógico actual basado en la enseñanza y transmisión de los conocimientos a otro centrado en el aprendizaje cimentado en la investigación, en la crítica constructiva y en el fomento a los valores cívicos de la época. Es por ello que cambiar este modelo pedagógico y de producción del conocimiento es vital para la supervivencia de la universidad. La red global de educación superior no es una quimera, destacados académicos están comenzando a poner en práctica muchos aspectos y saben que deben luchar por el aprendizaje colaborativo y producción de conocimientos, es lo que llaman la Universidad 2.0 (Tapscott D. y Williams, A., 2011).

En síntesis, las sociedades del conocimiento, término utilizado por primera vez por Drucker, P.F. (2016) a finales de los sesenta, por otros autores como Robin Mansell y Nico Stehr junto con los estudios de la sociedad de la información de Manuel Castells, hasta las conferencias y reuniones de organismos internacionales que han servido de precedentes y consecuentes para que en la actualidad sea de interés en las agendas de los países de la Organización y Cooperación Económica (OCDE) y de los que se encuentran en vías de desarrollo en las diversas regiones del planeta.

Por su parte Olive, L. (2009 p.45) dice que en ocasiones hay confusión entre lo que puede entenderse por sociedad del conocimiento y sociedad de la información. "La información se vuelve valiosa sólo cuando intervienen agentes intencionales que valoran esa información y la incorporan a su acervo de conocimiento, con lo cual son capaces de transformar su entorno". El conocimiento permite construir representaciones del mundo, pero sobre todo transformarlo, incluyendo su entorno e incluso a los individuos mismos. En cuanto a las sociedades de la información, estas se tratan de una sociedad cuya gestión y organización se basa en las tecnologías de la comunicación y la información (TIC), incluye la convergencia de Internet, dinero electrónico, redes telemáticas y constituye un nuevo espacio social.

También, para este autor, el concepto de sociedad del conocimiento debería ir mucho más allá. "No podemos pensar únicamente que una sociedad del conocimiento disponga ampliamente de tecnologías de la información y la comunicación, eso puede llevar a la creencia de que el tránsito a una sociedad del conocimiento descansa en un incremento en el uso de celulares, computadoras e Internet (Olive L., 2009 P. 47). El centro de las sociedades del conocimiento lo representan las personas por ello el reto es lograr que se desarrollen sus capacidades.

Para el Banco Mundial en las sociedades del conocimiento, este último debe ser el factor clave del desarrollo. La capacidad de una sociedad para producir, seleccionar, adaptar, comercializar y usar el conocimiento es crucial para lograr un crecimiento económico sostenido y mejorar los estándares de vida de la población. El conocimiento se ha convertido en el factor preponderante de desarrollo económico, es decir, el crecimiento económico implica un doble proceso de acumulación, puesto que se refiere tanto a la acumulación de capital y de conocimientos.

En los países de la OCDE, la inversión en los bienes intangibles que constituyen la base de los conocimientos mediante la investigación, el desarrollo, la educación y el software, equivale o supera la inversión en equipos físicos.

Las instituciones de educación superior (IES) por su parte desempeñan un papel crucial en el apoyo a las estrategias de crecimiento económico basadas en el conocimiento y en la construcción de sociedades democráticas con fuerte cohesión social.

Sus actividades académicas y de investigación proveen un apoyo crucial al sistema nacional de innovación. Son entonces las IES una pieza clave en la conformación de este tipo de sociedades que desde la aplicación de sus funciones adjetivas y sustantivas pasando por los programas de estudio y los contenidos de los mismos se van a gestar los nuevos ciudadanos y las redes ciudadanas con espíritu de innovación, de iniciativa y responsabilidad social que se demandan actualmente.

Sin embargo y ante estas perspectivas ¿Es posible aceptar que las futuras sociedades del conocimiento funcionen como clubs cerrados y reservados a unos cuantos privilegiados? Esta es una de las preguntas que se generan en el documento "Hacia las sociedades del conocimiento" emitido por la Organización de las Naciones Unidas para la Educación, la Ciencia y la Cultura (UNESCO). Así mismo surgen algunas cuestiones: ¿qué sucede cuando existen brechas tecnológicas, económicas y sociales entre las diferentes naciones que aspiran acceder a este tipo de sociedades? ¿Se transita hacia otro modelo que traerá la tan ansiada prosperidad y el mundo feliz al que aspiramos todos los seres humanos? o ¿será otra quimera como lo ha sido la globalización, el neoliberalismo y las nuevas tendencias o modas?

Es por ello también que se debe comprender que un mundo tan complejo y cambiante no puede entrar en alguna fórmula matemática, mágica o económica que brinde una solución a las 7500 millones de personas en este planeta. Se reconoce que desde las micro regiones, hasta las macro regiones y en mutua colaboración en redes así como con la voluntad de organismos internacionales, gobiernos, sociedades civiles, empresarios, se presenten y ejecuten iniciativas, proyectos y propuestas con una visión estratégica a corto, mediano y largo plazo, con la finalidad de que gradualmente se vayan generando condiciones de desarrollo sostenible que sirvan como indicadores que a su vez permita focalizar una cultura de mejora continua que proporcione ir poco a poco emigrando a mejores estándares de vida para todos.

En el marco del fenómeno de la globalización, de la apertura económica mundial y del surgimiento de los paradigmas ecológicos y sustentables hoy día emerge un modelo revolucionario denominado la economía azul, "que más que ser un concepto fresco e innovador, es una nueva forma de repensar los procesos de producción industrial a nivel mundial. "La economía azul pretende la adopción de una nueva conciencia, algo no tan difícil si estamos preparados para dejar atrás viejos hábitos y abrazar otros nuevos" (Gunter, P., 2011 p. 32). Es un aviso dirigido a los que simplemente perciben que nos encontramos ante una ocasión demasiado excepcional como para dejarla escapar.

Las oportunidades que se presentan, marcarán la diferencia. Como se mencionó al inicio, la ecología profunda y la sostenibilidad son conceptos que plantaron las primeras semillas del pensamiento verde. Estas ideas enseñaron a apreciar el empleo de materiales sostenibles en nuevas estructuras y productos. Aunque se haya empezado a comprender la importancia de los procesos sostenibles, pocos saben cómo hacerlos económicamente viables. Si se comprende y utiliza el ingenio, la economía y la simplicidad de la naturaleza, se podrá emular la funcionalidad intrínseca a la lógica eco-sistémica y lograr un éxito inalcanzable para las actuales industrias masivamente globalizadas.

De este modo la economía azul parte de un principio fundamental: servirse del conocimiento acumulado durante millones de años por la naturaleza para alcanzar cada vez mayores niveles de eficacia, respetando el medio ambiente y creando riqueza, y traducir esta lógica del ecosistema al mundo empresarial. Para este autor, mediante la implementación de este modelo se logrará cumplir con las premisas del desarrollo sustentable, añadiéndole un importante crecimiento económico mediante la productividad y la generación de empleos.

Este modelo económico imperante ha estimulado dos siglos de imparable crecimiento, consumo y desecho, alimentando un apetito insaciable de riqueza material que ha llevado a las sociedades a acumular más deuda que nunca podrán saldar. Entretanto no se han satisfecho las demandas masivas y críticas de la sociedad, en particular las de los habitantes de los países en vías de desarrollo. La demanda mundial ha aumentado por encima de la capacidad planetaria de suministrar agua potable y una comida diaria a tantas familias. A pesar de las ganancias, los medios actuales no pueden responder a las necesidades de todos.

Es por ello que no se puede negar que se está en una época en la cual se observa que el crecimiento si tiene límites, tal y como lo dio a conocer el informe del club de Roma "Los límites del crecimiento" donde se señala con claridad el circulo vicioso de la explosión demográfica, la degradación medioambiental, el crecimiento industrial desbocado y el declive de los valores éticos.

De este modo las industrias basadas en la economía azul, son altamente productivas y capaces de generar pleno empleo, están ya en el horizonte. canalizando la abundancia, transformándola sin esfuerzo y reciclando eficientemente sin desechos ni perdidas de energía. Esto al pasar de una percepción lineal a una concepción cíclica y regenerativa, también podemos remodelar nuestros comportamientos y prácticas para asegurar que se satisfagan las necesidades básicas de todos y que nuestro planeta azul, con todos sus habitantes, progrese hacia un futuro. (Gunter, P., 2011).

En el marco argumentativo anterior, se presentan retos y dilemas para los sistemas educativos que impacta indudablemente en los diseños curriculares, su reestructuración y actualización. Estos procesos, siempre con el involucramiento de todos los sectores sociales, en efecto, la intención: generar nuevas formas de pensamiento, ideas, modelos educativos disruptivos, así como en los programas de estudio y en sus mallas curriculares. La formación de capacidades transversales para toda la vida, no se desconoce como una finalidad de las instituciones educativas, la formación de nuevos talentos y liderazgos para los nuevos escenarios y profesiones que todavía no han aparecido en el presente.

Lo contrario, seguir y estar en la antesala de los grandes cambios, como ha sido en los últimos años, en las que ni las instituciones de educación superior, ni las universidades públicas han sido protagonistas en el diseño de las políticas educativas con mínima participación sobre la innovación para formar nuevos talentos.

1.2.- El acto de educar: ¿por qué? y ¿para qué?

¿Qué es un *paradigma*? Si bien el concepto como tal ha emergido del análisis e historia del desarrollo de las ciencias duras. Es notable la potencialidad del término para explicar una serie de fenómenos de otra índole, como son las posturas filosóficas y metodológicas de las ciencias sociales.

El concepto de paradigma fue acuñado por el filósofo e historiador de la ciencia Thomas Kuhn. En donde señala que un paradigma es un cuerpo teórico conformado por las creencias compartidas por una comunidad (Kuhn, T., 1967).

Evidentemente esta comunidad es concreta, y está representada por colegiados e investigadores en un campo del conocimiento. Estos grupos comparten una metodología, la cual está conformada por una cosmovisión y una serie de reglas, es decir, una normatividad que rige la manera en que se desarrolla la ciencia. Por otro lado, advierte Kuhn, que podría incluso no haber un consenso metodológico sobre las reglas específicas que ha de dirigir a los miembros de ciertas ciencias. La existencia de un paradigma ni siquiera debe implicar la existencia de algún conjunto completo de reglas. (Kuhn, T., 1967).

Mientras funcione el cuerpo teórico de una ciencia puede seguir en proceso de desarrollo, mientras que, si presenta una *anomalía,* esta puede ser corregida, o llevar a una revolución o cambio de paradigma. Se podría decir, que la transición de una teoría a otra, por su capacidad predictiva y explicativa sobre nuevos horizontes de la realidad siempre es un dilema y se realiza en el marco de diálogos y debates de amplio espectro. Esto es, los cambios de *paradigma* tienen su primer resistencia desde las propias élites o comunidades hegemónicas que pretenden mantener privilegios tanto en el ámbito del poder político como en el científico y educativo. El reto desestructurar el status quo.

Una de las complejidades en las que se ha situado la educación son las revoluciones científicas, los cambios de paradigmas, y las transformaciones culturales, económicas y sociales. De esta manera, se puede decir que los mecanismos de creación, organización y transmisión de conocimientos se están transformando (Pérez, A. L., 2009). En este sentido, la educación se encuentra ante la necesidad de responder a diversos paradigmas socioculturales y económicos, por ello deberá repensar sus propios paradigmas para adaptarse de manera pertinente ante estas tensiones.

Entre las complejidades que se encuentran en el fenómeno educativo es responder a la pregunta, ¿Qué se debe enseñar y para qué?, ¿cómo lograr una educación de calidad?, ¿Cuáles son los paradigmas bajo los cuales se educa?, ¿Qué tipo de ciudadanos e individuos se desea formar?

Evidentemente existen diversos modelos teóricos en el ámbito educativo, puesto que estos dependerán de la postura epistemológica bajo la cual se sustenta cada modelo. Sin embargo, no es la intención hacer un repaso histórico de todos y cada uno de los modelos, la finalidad es contextualizar las preguntas con los modelos y posturas que permitan repensar estas cuestiones. Estas posturas advierten de los retos educativos del presente siglo. Una de las reflexiones constante que se encuentra en la literatura sobre la pertinencia y el futuro de la educación se enfocan especialmente en la importancia de "repensar la educación". Ante este replanteamiento se pueden ubicar las siguientes posturas: El *paradigma lineal o unireferencial*, en el cual la educación; las instituciones de educación superior son la maquila del capital humano que el mercado de trabajo requiere. El *paradigma multireferencial*, responde a diversos fenómenos, no sólo a los mercados de trabajo, sino a la formación de ciudadanos. Si bien esta segunda postura no niega la posibilidad de que la formación profesional sea un proceso que deben realizar las IES, no es exclusivamente el único fin que la educación debe perseguir.

Este enfoque tiene sus orígenes en la teoría del capital humano. Ésta es sin duda una de las primeras aproximaciones teóricas para entender el *paradigma lineal*, que vincula la educación y la formación profesional con el empleo. Esta sostiene que un hombre bien educado es semejante a una máquina, en la medida en que el trabajo que éste aprendía a desempeñar le redituaría todos los gastos invertidos en su aprendizaje. De forma sintética se puede afirmar que su tesis principal se basa en que las tasas de rendimiento económico de las inversiones educativas están positivamente relacionadas con los salarios.

Incluso este modelo ha sido notablemente interiorizado en la forma en cómo se organizan las instituciones de educación, sistemas que tratan de imitar los modelos empresariales e industriales. Con base en estas concepciones se vislumbraba un gran augurio para la educación y las instituciones de educación, un nuevo proceso estaba en marcha, la educación como un bien social, que permitiría movilidad social y mejores condiciones de vida para sus ciudadanos.

De este modo se pensaba que el sistema educativo proporcionaría una mayor calificación a la fuerza de trabajo, lo cual se reflejaría en la productividad de los individuos y a su vez en el incremento de las tasas de crecimiento de la producción, en la remuneración de éstos y, en consecuencia, en una mejor distribución del ingreso.

Los cambios y las transformaciones en el entorno debilitaron cada vez más este idilio. Uno, porque el mercado de trabajo y la formación profesional están desfasadas en el tiempo y responden a lógicas distintas. Aún cuando los empleadores determinaran un cuadro de competencias necesarias en el mercado actual de trabajo con la esperanza de encontrar una demanda lineal, las instituciones deben formar a los profesionales para la anticipación y el emprendimiento y no de manera lineal para el mercado. Sin embargo, para cuando estén listos a insertarse en el mundo laboral las condiciones económicas y laborales ya no serán las mismas, especialmente en las economías globales y cambiantes de este siglo.

Por tanto, una de las preguntas que se enfrenta desde la educación superior es: ¿adaptar la formación profesional a los mercados laborales o acomodarlos a otro tipo de orden multireferencial? En este sentido algunos autores como Pérez Lindo dan cuenta de ello: "La escuela no tenía que preparar principalmente para el mundo del trabajo podría concentrarse en la formación de los individuos, o sea, en la educación" (Pérez, A. L., 2009).

Sin embargo, la UNESCO establece que "la educación superior debe no sólo proporcionar competencias sólidas para el mundo de hoy y de mañana, sino contribuir además a la formación de ciudadanos dotados de principios éticos, comprometidos con la construcción de la paz, la defensa de los derechos humanos y los valores de la democracia" (UNESCO, 2009 p. 65).

La educación ya no es más un fenómeno univoco, de soluciones lineales; ya no es sólo problema de cobertura, de atención de la demanda, de formación profesional para el mercado laboral, esta nueva situación exige una visión más amplia. No sólo atenerse a las recomendaciones de los organismos internacionales, en lo que respecta a educación (UNESCO, OCDE). En el fondo de la problematización lo que está en juego es la función civilizadora que tiene la educación; función sustantiva, la cual es formar ciudadanos (Pérez, A. L., 2009).

Por ello el paradigma lineal no parece ser una alternativa porque el fenómeno educativo puede repensarse desde otra visión en la que la postura es que, a pesar de contribuir a entender a la educación como un fenómeno complejo; no tiende a cerrarse en ella misma como el paradigma unireferencial.

Este paradigma comprende que el fenómeno educativo ha de ser multidisciplinario, que desea educar con el fin de formar otro nuevo modelo de ciudadanos, que se cuestionan sobre la realidad que los rodea, y que intervienen en ella para cambiarla dejando de reproducir viejos paradigmas que ya no permiten entender el entorno, o dicho de otro modo, ciudadanos con capacidad de tolerancia, que fomentan la democracia, capaces de potencializar sus ideas cuidando el entorno, y creando un desarrollo sustentable del planeta, que fincan sus acciones en valores éticos y pueden relacionarse socialmente mediante la cooperación.

Pero lo importante es que debe canalizarse toda esta gama de ideas paradigmáticas sobre la base de una pedagogía concreta. Esto quiere decir, además, que el curriculum no sólo debe tener una fase conceptual, o filosófica, sino también una parte pedagógica, que es en donde el curriculum se refleja, en el día a día del proceso de enseñanza-aprendizaje.

El reto se ubica en responder a la pregunta, ¿cómo se puede enseñar de forma concreta este tipo de paradigmas?

Esta visión nos plantea la posibilidad de formar un nuevo tipo de ciudadano, consciente de sus limitaciones, capaz de convivir, y responsabilizarse de su planeta. Además, un sujeto capaz de encontrar las limitaciones del conocimiento tecnológico y científico, pero a la vez es autocritico consigo mismo, puede entender la realidad de manera compleja y domina diversos paradigmas, y por lo tanto, asumir la posibilidad resolver problemas complejos en un mundo de incertidumbre, ante una realidad sumamente cambiante y compleja.

Algunas ideas generales de la postura multireferencial de Morín, para lo cual se pueden enmarcar las siguientes preguntas: ¿Qué enseñar y para qué?, ¿cómo lograr una educación de calidad?, ¿Cuáles son los paradigmas bajo los cuales se educa?, ¿Qué tipo de ciudadanos e individuos se desea formar?

Uno de los primeros pasos para entender la propuesta de Morín, E. (2000) es que, se debe reconocer que el enseñar está basado en el conocimiento, pero que éste no es sinónimo de absoluta certeza. Por tanto, se debe entender que el conocimiento es un fenómeno en constante cambio y reinvención. Por ello la educación debe mostrar que no hay conocimiento que no esté amenazado por el error y la ilusión (Morín, E., 1999).

De este modo la educación debe proveer pensamiento crítico, entender los límites del conocimiento, No se trata sólo de resistirse al conocimiento y ser un crítico asiduo sin cautela, por el contrario, este modo permite desnudarse de las teorías, promoviendo una capacidad de tolerancia entre los sujetos, donde el diálogo permita reconstruir autoaprendizajes.

Es necesario, entonces, reconocer en la educación para el futuro un principio de incertidumbre racional. La verdadera racionalidad no es sólo teórica y critica sino también autocritica. (Morín: 2000)

Otro aspecto importante es no reproducir y enseñar en las IES los paradigmas en donde como formadores se sienta comodidad, sería aún más pertinente enseñar cómo encontrar la ilusión y los errores en un sinfín de paradigmas, de teorías, de modelos que explican la realidad. Pero además a ser autocríticos con los paradigmas propios.

La educación debe promover una inteligencia general apta para referirse, de manera multidimensional, a lo complejo, al contexto en una concepción global. Es decir, no es posible educar sectorizando disciplinariamente los problemas y descontextualizándolos de su pertinencia sobre el mundo concreto. La resolución de problemas conlleva abordarlos de manera multidisciplinaria. Pero además entender el contexto de manera global (Morín, E., 1999).

Para entender esta idea supongamos el siguiente ejemplo: Se ha decidido que se construya un conjunto de edificios con base en la demanda de cierto sector, la población ha crecido demográficamente, y es ineludible comenzar a urbanizar cierta parte de las afueras de la ciudad. Pero esa porción territorial es parte de una gran área verde importante, incluso cerca de ahí corre un río que abastece una buena parte del agua potable que consume la población de esa ciudad.

Las constructoras junto con los arquitectos creen que se podría albergar a una buena parte de la población y así solucionar el problema del crecimiento demográfico y ofrecer vivienda a esa parte de la población. Sin embargo, los ambientalistas y algunos biólogos (que comparten otros paradigmas) creen que el desarrollo inmobiliario tendrá un impacto ambiental sobre la región, ya que esta gran área verde es un pulmón para la ciudad, además es el hábitat de algunas especies que son importantes para el desarrollo sustentable del ecosistema de la región.

Si se resuelve el problema demográfico con la construcción del conjunto habitacional se tendrá a futuro más problemas de los que se tenían al principio, sin embargo, si se evita la construcción, ¿qué se hará con los habitantes que no dispondrán de vivienda? la solución no es fácil, lleva al choque entre dos paradigmas que no parecen entenderse. Y esto porque se trata de resolver el problema sin entender la complejidad, y que la resolución de problemas no sólo debe hacerse desde un sector paradigmático. Este ejercicio requiere del diseño de estrategias complejas, y de nuevos desafíos y maneras de entender la realidad y de enseñar de otra forma, el enseñar bajo un paradigma sin entender la complejidad de la realidad lleva a resolver problemas importantes de manera parcial, o resolverlos para ir en picada hacia un deterioro cognitivo y social.

Paradójicamente hay un agravamiento de la ignorancia del "todo" mientras que hay una progresión del conocimiento de las partes (Morín, E., 1999).

Por ello, valdría reconsiderar la formación de profesionistas con distintos paradigmas, la multidisciplinariedad conlleva la cercanía entre maneras de pensar y de actuar.

De acuerdo a Morín, uno de los retos se ubica en enseñar la condición humana, pero ésta, se sitúa más allá del aprendizaje de la filosofía y la historia, también se encuentra en la humanización y en la capacidad de adquirir conocimientos no sólo racionales, también desde la literatura, en la poesía y en las artes. Además, es importante enseñar que la diversidad cultural no es sino la unidad de, "la cultura". En efecto, si se comprende la diversidad cultural de manera separada no se podrá superar el problema de las desigualdades, de la diferenciación entre culturas.

Más allá de este problema está el de crear un nuevo ciudadano que no se diferencia de otros por una región geográfica, sino que es consciente de que desde esa parte o región se une a una globalidad, es decir, es un ser planetario. El cual tiene conciencia de habitar con todos los seres mortales una misma esfera viviente, y es responsable de conservar esa esfera viviente, dejando de lado las ideas de pertenencia geopolítica y abandonando el falso sueño de domino planetario (Morín, E., 1999).

Uno de los procesos fundamentales es la búsqueda de alternativas para romper con el paradigma lineal, la pregunta es: ¿de qué manera se puede resignificar la práctica institucional y configurar nuevas rutas metodológicas que recupere los saberes y expectativas de todos los participantes en la organización? Una de las respuestas que Freire proporciona en torno a este debate es el logro de la concienciación y emancipación a partir de la construcción de herramientas para que de manera individual y en comunidad, se problematice la realidad.

La "opresión deshumaniza y vuelve a las personas objetos", dice Freire, por lo cual si el conocimiento es construido de manera dinámica, en constante movimiento, que al asumir una concepción de realidad en estos términos, se pasa de un rol de contemplación, alienante a otro en donde la problematización como proceso social de los involucrados se determina desde una visión multireferencial y humana.

La relación "dialéctica entre teoría y método" es lo que permite al paradigma que propone Freire sea retomado para la mejora continua de la educación superior y de sus funciones sustantivas, para el siglo XXI.

Hay que seguir educando para la ciudadanía y para la vida, en consecuencia, la organización escolar, el profesorado y los estudiantes deberán asumir posturas propositivas y generar estrategias innovadoras para el desarrollo y consolidación de la sociedad. No se puede perder de vista los procesos y escenarios actuales, Se debe concebir la realidad a través de decisiones y actitudes incluyentes y participativas (Freire, P., 2001).

Este paradigma se significa por un principio fundamental: en la desalienación de los seres humanos, se ubica la posibilidad de tomar posturas propositivas en el acto educativo. Concibe la posibilidad de descubrir, conocer y compartir los conocimientos y habilidades que los ciudadanos tienen. En este sentido, al profesorado le corresponde propiciar que los estudiantes, transiten hacia la libertad de pensar, hacer, decir y actuar (Freire, P., 1970).

La cultura de la libertad es la propicia para que los estudiantes y los nuevos ciudadanos dejen de ser "amoldados" por un sistema alienante. Se reconoce que la alineación está construida a través de sistemas escolares y sociales en su conjunto, por ello se proponen que sean los actores en las organizaciones escolares que inicien con esta transición, en la cual es necesario que participen en la construcción de una praxis para hacer nueva ciudadana, como un acto sublime y no como retorica organizacional.

La educación debe ser concebida como un acto problematizador que mueve las estructuras cognitivas y a la vez permita concienciar al profesorado y estudiantes, para dejar de reproducir los sistemas "bancarios", donde son concebidos como depositario de conocimientos y el lugar donde se le transfiere en el espacio áulico. Con este modelo es necesario que el aprendizaje se propicie por medio de la interrelación de aprendizajes previos y en la construcción reciproca de aprendizajes entre estudiantes y docentes, a través del diálogo (Freire, P., 1970).

La lectura no implica necesariamente procesos escritos y tampoco una técnica que permita a los estudiantes desarrollar técnicas silábicas, sino más bien se debe permitir al estudiante crear escenarios donde sea su propia realidad la que desea ser intervenida, dejar que conviva con su contexto, que entienda e interprete a través de la conjunción de la escuela, la sociedad y la consolidación de conciencia y sobre las oportunidades que tiene a través de la generación de espacios incluyentes (Freire, P., 2001).

La figura del maestro como poseedor universal del conocimiento en este paradigma desaparece y nace el facilitador que propicia a sus alumnos para que cuestionen su propia realidad, emergiendo de esta forma el aprendizaje de la realidad que a su vez permite ser significativo para el facilitador y para el estudiante, que acceda y aporte en la construcción de nuevos escenarios donde la sociedad se vea beneficiada.

En este sentido la problematización representa la oportunidad para realizar análisis para transformar la realidad global, de tal modo que permita la liberación de los hombres (Freire, P., 1970).

El reto que plantea este paradigma es permitir a los estudiantes desafiar sus propias capacidades y superarse, así mismo potenciar el quehacer educativo para motivar a los estudiantes en el proceso de aprendizaje y a su vez a la liberación social, permitiendo que los aprendizajes mutireferenciales consoliden perspectivas conjuntas para la solución de un problema, con el cual se transitará hacia la globalidad paradigmática consolidando la transversalidad de contenidos educativos[1].

El aprendizaje se construye a través del diálogo entre los estudiantes y facilitadores los cuales aprenden a través del mismo, por lo tanto, se deben implementar prácticas donde se conciba un estudiante participativo que aprenda y reconstruya su aprendizaje, el silencio y pasividad; signo inherente a un sistema alienante, por ello, retomar la construcción del aprendizaje por medio del diálogo y la interacción, genera valor.

Habrá que cuestionar cuando el formador pretende tener la razón, pues su paradigma es el dominante porque el sistema permite al mismo concebirse como el poseedor de conocimientos, en donde solo se puede reproducir lo que él considere necesario para su depositario, el estudiante. El anterior planteamiento aunque prevalece, transita a una posición con actores más comprometidos con un sentido cada vez más ciudadano y participativo.

Lo anterior implica que en los espacios se necesita reflexionar en torno a: ¿Cómo problematizar sin diálogo? Es imposible. ¿Cómo problematizar en el mundo de las carencias para escuchar y comunicar? El liderazgo del facilitador del aprendizaje es importante para consolidar el espacio liberador, que a su vez debe eliminar la actitud de solucionador los problemas de la sociedad.

Al parafrasear a (Freire, P., 2001), la comunicación y problematización es la mediación para el diálogo y el aprendizaje entre los participantes.

Uno de los principales argumentos que decantan a partir de la revisión de los paradigmas en la educación es, sin duda, el valor de repensar la educación desde otras perspectivas, sin embargo, sería estéril creer que esta propuesta sea la fórmula adecuada, esto es precisamente lo que el paradigma unireferencial propone, una fórmula adecuada. Sin embargo, en la investigación educativa y en el fenómeno educativo no hay fórmulas, lo que si es necesario es repensar, entender, y tener claro, ¿qué es lo que

---

[1] Los estudiantes regularmente no encuentran conexión entre una materia u otra y los asesores disciplinares alienantes tratan de consolidar su espacio disciplinar y no permiten la vinculación entre paradigmas por lo cual la realidad no puede ser concebida en su totalidad, es necesario la organización curricular desde un enfoque multireferencial que permita aprendizajes integrales.

se debe enseñar?, ¿por qué?, y ¿para qué?, bajo ¿qué paradigma?, ¿qué valores y fundamentos éticos?, y ¿cómo podemos llevar esto a la práctica educativa?.

La solución a este problema no debe provenir de una receta, "la única esperanza para el futuro está en la conciencia y la voluntad de experimentar desde muchos ángulos y muchas perspectivas filosóficas. Ninguna persona tiene que producir todas las respuestas; en efecto, eso puede ser exactamente lo que no se necesita" (Senge, P., 2009 p. 67).

El modo en que se organizan las instituciones de educación, plantea un nuevo dilema, los actores al interior de la institución no suelen preguntarse cómo han de organizarse, o si el modo en que están estructuradas es el indicado, o si ese modo de organizarse crea conflictos y poco ayuda al desarrollo del proceso educativo, si los cambios se realizan por imposición o de manera colaborativa.

No se desconoce que la mayoría de las instituciones suelen organizarse bajo los paradigmas de la empresa industrializada. Altamente jerarquizadas y burocratizadas. Familiarizadas con el paradigma industrial, se corre el riesgo de colocar en la misma categoría la producción industrial y la producción del conocimiento. El sector privado y las instituciones públicas por lo general se orientan por lógicas diferenciadas, las primeras producen procesos y productos cuyo interés principal es generar riqueza mediante sistemas estandarizados, las segundas tienen la intención de generar conocimiento, facilitan bienes intangibles (capital intelectual), transforman individuos. Por tanto, la organización es el engranaje de un sistema, éste determina las formas y modos en que han de desarrollarse los procesos educativos al interior de la institución, así como su forma de planear su desarrollo y de gestión.

Algunos teóricos como Gibbons han contribuido a entender un nuevo modelo organizativo; por un lado, habrá que superar el paradigma de la especialización y la sectorización de las disciplinas, heredado del positivismo en donde estas categorías dividen el conocimiento para resolver problemas. Cada ciencia y cada rama se alejan una de otra para conformar sus campos teóricos, sus métodos y técnicas de investigación, puesto que la estructura de las disciplinas se ha institucionalizado en las universidades, éstas han tendido a ser las encargadas de legitimar esta forma de producción de conocimiento (Gibbons, M., 1998).

Por tanto, la nueva forma de producir el conocimiento se aleja de este modelo, proponiendo en su forma organizativa y paradigmática, una estructura transdiciplinaria, donde diversos campos del conocimiento pueden converger sin que, por ello, deje de hacerse ciencia de forma rigurosa. La institución se organiza en redes de trabajo para la solución de problemas relevantes y pertinentes; no sólo con la institución, sino con el entorno social.

De forma generalizada este nuevo modelo puede resumirse en los siguientes cinco puntos propuestos por Gibbons en el modo 2 de producción del conocimiento: 1.- Conocimiento producido en el contexto de aplicación. 2.- Carácter transdisciplinar. 3.- Heterogeneidad y diversidad organizacional. 4.- Mayor responsabilidad social. 5.- Un sistema de base más amplia para el control de la calidad (Gibbons, M., 1998).

La primera, tiene que ver con la finalidad del conocimiento la cual es, ser útil a alguien, sea en la industria o en el gobierno, o la sociedad en general. El conocimiento se distribuye socialmente. La segunda, habla acerca de la forma en que han de solucionarse los problemas, por lo general, dicha solución irá más allá de las disciplinas que contribuyen a su explicción o comprensión. Es decir, será transdisciplinar. La tercera tiene que ver propiamente con las decisiones y formas organizativas, este nuevo modelo se aleja de la jerarquización vertical y pone de manifiesto la importancia de un control descentralizado, conformado por una organización más vertical.

Esta descentralización, pone de manifiesto una coordinación exógena, incorporando en ella a organismos externos a las IES, entre ellos a la sociedad, la industria, institutos de investigación, entre otros. La cuarta supone el compromiso social en la producción del conocimiento, es decir se incorpora desde el principio, la sensibilidad al impacto de la investigación. El último punto se refiere a la evaluación de la producción del conocimiento, la cual se realiza también de forma vertical, es decir, interviene un número mayor de recursos especializados en un problema. Es de tipo más multidimensional, compuesto (Gibbons, M., 1998).

De este modo, la propuesta de Gibbons señala la importancia de configurar el conocimiento que sea pertinente para una multiplicidad de contextos. Si bien hasta aquí se han expuesto de forma sintética los argumentos de Gibbons, se debe indagar más acerca de la organización como un sistema complejo, aunque sigue siendo una constante que los modos organizativos se vuelven cada vez más impredecibles.

Por su parte, Edgar Morín propone que los cambios suponen entender la complejidad, y esta comprensión de la complejidad requiere; principalmente, un cambio muy profundo de nuestras estructuras mentales (Morín, E., 1999).

La incertidumbre es una característica del mundo complejo, definido como multidimensional. ¿Cómo enfrentan las organizaciones la incertidumbre?, planteando cambios en el desarrollo con exactitud y con base en las estructuras de las instituciones porque si no se comprende, se corre el riesgo de que las acciones planeadas terminen con efectos perversos; las intenciones y objetivos iniciales se transforman en efectos contrarios. De tal manera que ninguna acción está segura de obrar en el sentido de su intención (Morín, E., 1999).

La forma en que las IES deben asumir la planeación y organización institucional, plantea un nuevo paradigma, entender que:

- El mundo es complejo; y las IES como su comunidad son parte de él.
- Se debe comprender a la organización como una entidad en un mundo cambiante y alto grado de incertidumbre.
- El cambio se acompaña de las transformaciones mentales de sus integrantes y actores importantes en el proceso de educar.

De este modo hay dos vías para enfrentar la incertidumbre de la acción, la primera es la plena consciencia de la apuesta que conlleva la decisión, ¿para qué queremos cambiar?, ¿En qué tipo de valores ésta fincada nuestra apuesta?, es decir, la acción requiere de una esfera ética. La segunda, es el recurso de la estrategia. Dentro de ésta, se tiene a los programas que son elementos de la estrategia y permiten la concreción de objetivos, sin embargo, la estrategia está por encima de los programas de acción en el sentido de que estos se subordinan porque se encuentran inmersos en acciones que requieren ambientes estables; y por el contrario, la estrategia ha de suponer que el entorno es cambiante, plantea escenarios de contratiempos e inestabilidad.

Peter Senge, establece que el cambio es aprendizaje, aprender de la organización como un sistema vivo, en el que el aprendizaje colectivo y colaborativo es el motor en las instituciones de educación.

Transitar hacia el paradigma multireferencial implica un proceso de cambio en las organizaciones escolares, en los procesos de gestión y principalmente en los sujetos que propician la transformación para eso se vuelve necesario superar el modelo de liderazgo educacional en el que el director lo hace todo (Senge, P., 2009).

Es importante precisar que intervenir la realidad requiere que se comprenda la complejidad de la situación, puesto que además está acompañada usualmente por muchas emociones por parte de los constituyentes. La organización requerida es una organización inteligente es decir una organización que aprende, una organización que es capaz de ver la realidad como un todo, lo que permite enfrentar confiadamente el cambio haciendo del aprendizaje una práctica continua (Senge, P., 2009).

En términos de Senge, P. (2009), el pensamiento sistémico brinda dos herramientas fundamentales, la primera: los arquetipos que nos permite analizar las diferentes formas en que interactúan los componentes de un sistema y además permite ver cuáles son las consecuencias de las decisiones que se han tomado, la segunda es la técnica de los cinco ¿Por qué?, lo cual permite buscar diversas explicaciones para el mismo problema hasta concretar una causa fundamental.

Algunas de las argumentaciones son las siguientes: a.- Las personas deben tener definida cuál es su visión personal y conocer cuál es su realidad actual, es necesario comentar que no se puede modificar el dominio personal de un sujeto como líder de una organización lo que se puede hacer es alentar a quien desee hacerlo, y el líder de la organización debe tener claridad en la visión encuadrados en los objetivos de la organización. b.- Los modelos mentales implican borrar todas las imágenes negativas para tener la posibilidad de una visión más amplia, lo cual desarrollará una gran capacidad de observación hacia el entorno e incrementar nuestra capacidad de reflexionar; c.- construcción de una visión compartida: es decir generar en conjunto hacia donde las personas desean transitar, esto pretende generar el sentido de pertenencia, todos deben participar en la creación de la visión, ahí mismo se establece el compromiso organizacional en conjunto, en este sentido no solo se comprometen con la organización sino además con ellos mismos. d.- el aprendizaje colectivo, en equipo, lo que implica integrar a todos los miembros de la comunidad escolar, con la actitud para trabajar colaborativamente, es el desarrollo de una perspectiva global y no individual, esto permite acciones innovadoras y coordinadas, como fortaleza fundamental el diálogo y la discusión de las ideas; e.- la escuela entonces, podrá ser ese punto de apoyo de la sociedad.

La escuela debe cambiar pero no por medio de la autodeterminación, es necesario que la organización establezca canales de participación incluyentes en los que la comunidad se sienta identificada con el proceso de planeación y, por lo tanto, de la ejecución de las tareas que se realizan, además de una constante capacitación a sus empleados sobre lo que se espera de ellos en este proceso de innovación permanente.

El cambio en la organización compleja.

Los cambios institucionales pasan por redistribuir la toma de decisiones y evitar la concentración del poder en unos cuantos. El arte de la colegiación, inclusión y participación horizontal, se ubica en la capacidad para generar consensos e integrar a la comunidad para el cumplimiento de los objetivos institucionales así como para la transformación de los aprendizajes y capacidades del estudiantado. El diálogo y los acuerdos son la base para organizar la producción del conocimiento, ¿Qué aprender y para qué?, esta pregunta requiere contestarse de manera colectiva, tratando de evitar la imposición de jerarquías y paradigmas.

Para realizar cambios, la institución ha de conocer sus limitaciones y plantearse objetivos concretos y alcanzables en el mediano plazo, en el que los cambios no se conviertan en efectos perversos que traigan más conflictos a la organización que soluciones. Por tanto, el cambio requiere generar consensos, acuerdos y estrategias establecidas en conjunto, esto facilita la integración de los actores al proceso del cambio y de su compromiso para llevarlo a su concreción. Pero además requiere cambiar los esquemas mentales de los miembros de la comunidad, se trata de evitar los choques y confrontaciones entre paradigmas, tratando de generar un nuevo modelo ideológico para la institución.

De este modo, lo anterior facilita que la organización; en un largo plazo, sea un sistema que aprende de los integrantes, de sus aciertos y errores, de sus capacidades y debilidades, pero que tienen el compromiso de anteponer sus intereses personales por un proyecto general: el proyecto educativo.

EL CURRICULUM COMO PROYECTO SOCIOEDUCATIVO: UN ACERCAMIENTO A SU CONCEPTUALIZACIÓN

2.1. Hacia una conceptualización: enfoques y tendencias del currículum.

El campo curricular se entiende como un proceso en el marco de una reflexión permanente, que intenta arrojar luces sobre los procesos de formación, lo diseños institucionales, los modelos educativos, los métodos para el aprendizaje, el contexto imbricado en el acto de educar, diseño y revisión de los programas educativos, entre otros.

Se destaca entonces, cómo el currículum representa un proyecto educativo generador de capacidades básicas y transversales para toda la vida.

Un reto, en este contexto, es la forma en que se abordan las reflexiones sobre el perfil del egresado, la malla curricular, la flexibilidad curricular, las modalidades educativas y las trayectorias escolares; todo en un nivel de concreción institucional del curriculum.

Por último, en el nivel más básico de concreción del curriculum se abordan los modelos pedagógicos para fundamentar la práctica educativa y se resalta el papel del docente como gestor en la mediación de los aprendizajes de los alumnos y se ofrecen tres modelos actuales para el diseño de estrategias de aprendizaje.

Curriculum es un concepto polisémico (Cabrerizo, D.J., 1999; Díaz Barriga, A., 2003; Escudero, M. J.M. 1999; Gimeno, S., 2007). Pero esta ambigüedad del concepto posibilita "pensar y comprender la realidad educativa de un modo complejo (Escudero, M. J.M.,1999, p.27). Es mejor aceptar dicha complejidad y pluralidad conceptual, pues de ese modo se ponen de manifiesto las diversas dimensiones o caras que constituyen la educación". Para Gimeno, S., (2007) "la práctica, a la que se refiere el curriculum es una realidad previa muy bien asentada a través de comportamientos didácticos, políticos, administrativos, económicos, etc. detrás de los que se encubren muchos supuestos, teorías parciales, esquemas de racionalidad, creencias, valores, etc. que condicionan la teorización sobre el curriculum" (p. 13). Para Díaz Barriga (2003) la teoría educativa permitió "una estructura conceptual que podría caracterizarse como "posmoderna". [que] …señala la posibilidad de entender la realidad educativa en un proceso complejo y con puntos de vista singulares" (p. 83).

Lo que podemos concluir con respecto al intento por conceptualizar el curriculum es que "no existe al respecto un consenso social" que logre unificar los criterios con relación al mismo. Sin embargo, entendemos que se refiere a una mirada amplia de la realidad educativa, y que además "conlleva un significado político, que concierne a cuestiones relativas a quién deba tomar las decisiones y cuál deba ser el papel de los diferentes agentes implicados" (Escudero, M. J.M.,1999 p. 27) Díaz Barriga, A., (2003, p.84) menciona "la atención a diversos objetos en el ámbito escolar… la realidad áulica; las fracturas, las discontinuidades que en cada grupo escolar se generan; las distancias entre el currículum formal, vivido y oculto, así como sobre los aprendizajes valorativos. Todo ello configura el campo del curriculum.

Se asume, a partir de las experiencias construidas, que el curriculum es un proyecto socioeducativo, dinámico y heterogéneo, que tiene la intencionalidad de formar a las personas con los contenidos culturas con perspectiva de género y enfáticamente incluyentes, cuya tarea se ubique en construir saberes cogsnoscitivos, actitudinales y procedimentales, para la transformación de la realidad e impacto con resposabilidad social.

Las tensiones

Díaz Barriga, A., (2003) desarrolla una serie de ideas que dan como resultado una especie de ruta con la cual –si aún existen los mapas- permite ubicar a quienes estudian el tema. En un primer momento, el autor señala la gran tensión existente respecto al curriculum, esta tiene que ver con la identificación y diferenciación respecto al concepto, ya que hay dos bisagras, una vista desde la definición conceptual y la otra tiene que ver con la perspectiva disciplinaria. Ambas dinámicas implican posturas epistémicas diferentes:

> No distinguir entre concepto y disciplina puede generar que los problemas observados en la delimitación del concepto pongan en entredicho el desarrollo de la disciplina, cuando el campo del currículo es una expresión de la teoría educativa que caracterizó al siglo XX, que fue elaborada desde las necesidades de la sociedad generadas por la industrialización y retomadas por el sector educativo. Una teoría educativa –en términos más cercanos a Dewey– para la formación en una sociedad industrial democrática (Díaz Barriga, A., 2003 p. 4).

De acuerdo a estas dos posturas, uno de los efectos principales es que se han presentado diversas conductas dentro de los gremios académicos respecto a la dimensión curricular. Ambas posiciones se encuentran inmersas en un conflicto, por un lado, el problema respecto al origen y configuración del curriculum respecto al planteamiento de actividades de selección y organización de los contenidos, con atención a las demandas del sector educativo y de la sociedad: "piensan que los especialistas en el *currículo en la vida cotidiana* muestran un escepticismo frente a esta actividad y han perdido la perspectiva curricular por considerar que sus planteamientos se acercan más a ámbitos de la didáctica y las teorías instruccionales" (Díaz Barriga, A., 2003 p. 9).

Por otra parte, están quienes entienden e interpretan el campo curricular desde las diferentes perspectivas de la vida diaria, descubren que dentro de las aulas existen muchos aspectos que deben ser atendidos mediante la reflexión y, la finalidad, es darlos a conocer. Este grupo pretende buscar dentro de la práctica diaria la detección de conceptos para ser comprendidos y a su vez llevados a la experiencia concreta. En bastantes ocasiones, esta actividad no permite generar mayor comprensión sobre la actividad educativa del día a día, generando limitaciones (Al igual que el primer planteamiento). La siguiente figura evidencia los ejes centrales del análisis del autor:

Figura 1. Ideas principales: tensiones del curriculum

Fuente: Elaborado por José Arturo Martínez Pardo. Curso Diseño Curricular. MGPES. Mayo 2019.

Ambas posturas, con diferencias particulares, también muestran una serie de "lagunas" que hasta la fecha se siguen tratando de complementar, pero que aún existen vicios que hacen que las tensiones se sigan presentando, tanto en el mundo de la investigación como en el de la práctica diaria.

Gimeno, S., (2007) establece que el curriculum entiende este concepto como la representación de aspiraciones, de intereses y formas de comprender la misión en un contexto histórico específico, en donde se toman decisiones y se seleccionan vías que están condicionadas por las opciones políticas generales, económicas, la pertinencia a diferentes medios culturales. Es decir, el curriculum escolar o educativo está ligado a esquemas donde se encuentran los objetivos de una organización educativa, a su vez, comprenden políticas, normas, reglas, misiones, visiones y la estructura de una organización.

Es un concepto más enfocado en ser "transversal"[2], lo cual lo vuelve más abstracto, pero implica mayor presencia conectada con todo el fenómeno

---

2   A *grosso modo*, tiene que ver con que el curriculum recorre y está presente en la totalidad de los eventos que conforman a este proyecto socio-educativo, como si fuera especie de cualidad inherente, siempre presente en la estructura.

educativo, no es una visión lineal sobre el concepto, al contrario, implica mayor amplitud y horizontalidad. La siguiente figura representa la postura del autor:

Figura 2. El curriculum según Gimeno, Sacristán.

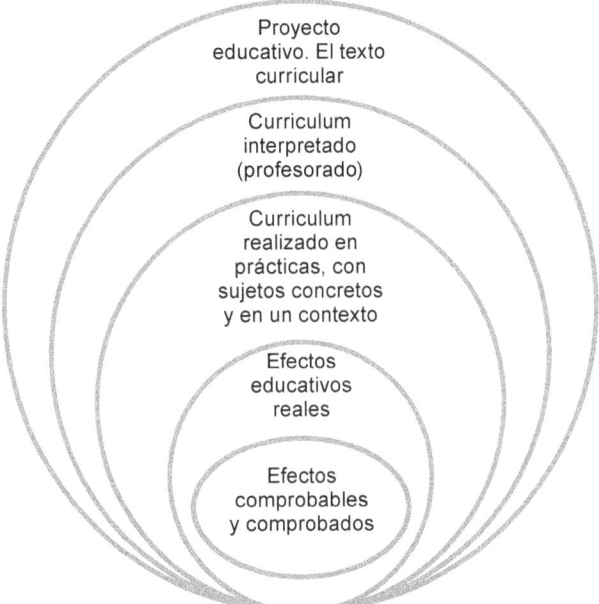

Fuente: Elaborado a partir de las aportaciones de Gimeno Sacritán (2010).

La interpretación –que puede ser atinada o no- respecto a lo que Sacristán concibe como el curriculum, está ligada a la presencia de reglas presentes dentro de los sistemas educativos. Esto significa que el curriculum es una herramienta que permite conocer la funcionalidad de una escuela, tanto para el profesorado, como el estudiantado, directivos y la comunidad educativa que engloba a la institución.

Bajo el anterior supuesto se comprende la lógica de la figura 2; el curriculum es transversal y por ende, está presente y se refleja en las prácticas educativas e institucionales. El curriculum es la guía que actúa en los sujetos y se evidencia en las prácticas cotidianas (esto pensándolo en un escenario de idoneidad, en donde "todo tendría que salir según lo estipulado". Aunque, es una estrategia audaz contemplar escenario en donde la incertidumbre se pueda presentar, de tal forma que siempre se esté al borde del cañón respecto a la presencia de eventos no planeados.

De acuerdo con Escudero, M. J.M. (1999) el curriculum presenta dos realidades o ámbitos; el de la práctica, en el que se le aborda como fenómeno, existencia o realidad curricular y el de campo de estudio o del desarrollo de la teoría. Es por esto que propone algunas "concepciones curriculares" en oposición Eisner, E., y Vallance, E. (1974) citados en Gimeno, S. J., 2007 p.45) como curso de estudios o curso de la vida. Como curso de estudios "se materializa en planes, fines, contenidos, orientaciones metodológicas, criterios de evaluación, que componen una carrera o cursos de una etapa educativa; como curso de la vida "es el recorrido o trayectoria personal" (p. 32) como contenidos planificados o experiencias vividas (incluye el curriculum explícito, el currículum oculto, el curriculum nulo, el curriculum intentado y "el que de hecho es vivido/aprendido.

Como producto, es un "documento tangible que suele contener un conjunto de componentes interrelacionados... como plan para las acciones subsecuentes" (Escudero, M. J. M., 1999 p. 33). También como proceso contextualizado "la práctica a través de la que los sujetos y sus contextos lo reconstruyen, desarrollan y modifican"; y como intención "pretensiones educativas expresadas, contenidos, productos o documentos y planes de estudio" o como realidad ("experiencias educativas relevantes, vividas en el curso de la vida o en los procesos educativos" (p. 34).

Para Gimeno, S. J. (2007) las concepciones curriculares abarcan cuatro perspectivas a las que llama "teorías sobre el curriculum", las cuales conciben al curriculum como: suma de exigencias académicas, base de experiencias, legado tecnológico y eficientista (Taylorismo) y como configurador de la práctica.

En el caso del curriculum como suma de exigencias académicas lo entiende como "una concepción que recoge toda la tradición académica en educación, que valora los saberes distribuidos en asignaturas especializadas..." (Gimeno, S. J., 2007 p.46). La teoría que está basada en experiencias se refiere a "... un perspectiva pedagógica y humanista, que atiend[e] la peculiaridad y necesidades de los alumnos, se ve como un conjunto de cursos y experiencias planificadas que un estudiante tiene bajo la orientación de un centro escolar" (p. 49). En la perspectiva sobre el legado tecnológico y eficientista; "la política educativa y la administración especializada ordena el acceso a esos niveles y modalidades [del sistema escolar], la transición interna entre los mismos, los controles para acreditar, el éxito o el fracaso, provee medios para su desarrollo, regula el acceso y funcionamiento del profesorado, ordena los centros escolares, etc." Gimeno, S. J., 2007 p. 52). Como configurador de la práctica el curriculum es "… una expresión de la correlación de diversas fuerzas en la sociedad; [por lo que] una alternativa crítica debe contemplar el curriculum como un artefacto intermedio y mediador entre la sociedad exterior a las escuelas y las prácticas sociales concretas que se ejercitan en ellas…" (p. 59).

El curriculum como pensamiento crítico.

Se reconoce que la sociedad se encuentra estratificada por segmentos de poder adquisitivo y posibilidades de bienestar social de forma severamente polarizadas. En particular para el caso latinoamericano y más en específico en México con una desigualdad social donde cerca del 60% de la población se ubica en el rango de la pobreza y además unas cuantas familias tienen el control absoluto de las "palancas" del poder político y económico.

En efecto, no es aceptable que el proceso de educación formal sea un mecanismo de reproducción y perpetuación de la estructura social polar donde las diferencias socioeconómicas se "escrituran" desde la temprana edad de sus participantes. Esto es debido a que la lógica educativa es por igual un proceso de formación cultural, intelectual y recreativa –la función manifiesta de la educación hablando en jerga sociológica- pero al mismo tiempo resulta ser un juego de recompensas, estímulos y puniciones donde existe la inercia de solo permitir el acceso y permanencia a este proceso educativo a un núcleo específico de la población, que cuenta con los mínimos capitales tanto culturales, sociales, institucionales y económicos.

En síntesis, solo un rango muy particular con determinados recursos es capaz de acceder a recibir educación formal lo que por "herencia" les permitirá tener a futuro las mínimas herramientas institucionales para, si no escalar en la pirámide social, sí al menos preservar cierto nivel y status socioeconómico. Muy al contrario, aquellos desheredados carentes de los capitales atrás citados estarán condenados a perpetuarse en estratos de segregación y excluidos de las posibilidades de progreso que la educación puede ofrecer; claro, habrá algunos que sin la "herencia" institucional que brinda el estudio, tengan posibilidades de movilidad social ascendentes, pero serán casos mínimos que no conforman una tendencia propiamente.

Se debe aclarar que no se trata de considerar a la educación como *hecho social* perverso que bajo la fachada de la nobleza que tiene la función docente se esconda la perversidad del gran capital que excluye por su lógica monetarista a los más para destinarlos al célebre ejército de reserva.

Por lo anterior, el pensamiento crítico no es una serie de postulados teóricos inmutables ni dogmáticos sino una guía perfectible de acción epistémica, política y social la cual habrá de elaborarse pensando desde y para el contexto socio histórico de la región.

El pensamiento crítico y la propuesta curricular a la que habrá de integrarse tendrán como función precisamente en disminuir el filtro ideológico que altera sensiblemente nuestra percepción de la realidad concreta. Como los sujetos tienen una fuerte carga de subjetividades lo cual ha quedado demostrado en las adaptaciones vernáculas de las categorías científicas, políticas y educativas de los bloques hegemónicos como Europa y Estados Unidos, urge un planeamiento respecto a cuál es el conocimiento, paradigma político y modelo educativo que permita comprender a un actor colectivo con proyecto histórico propio y sustentable.

La tarea fundamental de un currículum con enfoque crítico es precisamente admitir que es indispensable el que los educandos a nivel superior están insertos en una dinámica en tiempo real donde los conocimientos que bien les parecían absolutos e inmutables, en cosa de meses o incluso menos se vuelven teorías ya rebasadas, por consecuencia, la vertiginosa creación de saberes y la intensa actualización de información hace imperativo que las competencias con enfoque de pensamiento crítico permitan por igual posicionar a sus universitarios en el contexto de la competitividad global pero al mismo tiempo no mermarán su responsabilidad de contribuir al progreso endémico del contexto regional de donde provienen los egresados.

Cabe preguntarse qué tanto contribuyen los egresados de las instituciones de educación superior para generar en muchas de estas naciones indicadores tan asombrosos como lo fueron en 2007, casi a la par a aquellos de las grandes potencias manufactureras asiáticas. No obstante, también cabe preguntarse qué tanto los universitarios pueden hacer frente ante fenómenos globales como lo fue la recesión financiera y debacle inmobiliaria que desplomó los indicadores de crecimiento en 2009 y que apenas se percibe leve mejoría desde 2010. Queda en evidencia pues que los retos de las competencias en educación superior han de pensarse en las necesidades globales pues los fenómenos socioeconómicos como el de marras no conocen barreras geográficas.

Es decir, la educación y el quehacer científico han versado exclusivamente en explicar la realidad mediante los moldes teóricos previos que se tienen, es decir, los profesores y científicos cuando mucho, se han limitado a poner etiquetas y nombres a los fenómenos siguiendo una inercia dictada desde los centros hegemónicos del pensamiento (Zemelman, H., 2005).

Si se logra trascender de la mera reproducción y adecuación de conceptos y categorías para, en su caso, poder elaborar los propios, entonces podemos admitir que nos encontramos en la antesala de trascender del pensamiento teórico al pensamiento epistemológico. Este último será el que guiará la intencionalidad de las competencias en el campo del currículo.

Las nuevas tendencias en educación superior –el modelo de competencias- si desea adscribirse al pensamiento crítico entonces habrá que situarlas en la realidad históricamente construida en América Latina. El problema es qué se debe entender por competencias puesto que, según el proyecto Tuning de la Unión Europea,:

> "…la formación por competencias propone zanjar las barreras entre la escuela y la vida cotidiana en la familia, el trabajo y la comunidad, estableciendo un hilo conductor entre el conocimiento cotidiano, el académico y el científico. Así,

al fusionarlos, plantea la formación integral que abarca conocimientos (saber), destrezas y habilidades procedimentales (saber hacer), actitudes y valores (saber ser). Las competencias irrenunciables, saber emprender, saber convivir son de carácter transversal y para todos los niveles educativos".

Al debilitar las fronteras entre el conocimiento escolar y extraescolar, se reconoce el valor de múltiples fuentes de conocimiento, como la experiencia personal, los aprendizajes previos en los diferentes ámbitos de la vida de cada persona, la imaginación, el arte, la creatividad [...] (Tuning, A. L., 2007 p. 35-36).

Además, resulta imperativo reconocer que las competencias concebidas en el currículo son directrices tanto teóricas como prácticas que, desde una perspectiva crítica habrá de centrar no tanto en la cuestión técnica de sistematización ni en la parte nominal del plan de estudio a tratar, sino en dar una propuesta de política cultural. En este sentido, el currículum crítico presentará el reto de conjuntar tanto las exigencias de dar reconocimiento a la diversidad de perfiles culturales respetando las heterogeneidades del alumnado.

La reestructuración curricular desde la perspectiva de Pinar

El curriculum, analizado hasta este momento ha implicado el involucramiento y consideración de varios elementos que completan la totalidad del tema. El asunto detectado de estos elementos es que en realidad existe una división muy marcada sobre las diferentes posturas que se tienen sobre el tema, y que, como se ha analizado, existen tensiones que provocan un distanciamiento entre las concepciones existentes. Un ejemplo de ello es el estado de conocimiento de la investigación curricular en nuestro país. Este trabajo realizado por el Consejo Mexicano de Investigación Educativa (COMIE) en un período de investigaciones del 2002 al 2012, evidencia que el 61.4% de los trabajos se han llevado a cabo sobre innovaciones educativas curriculares; proyectos escolares, y sólo el 3.62% se enfocó en la teoría curricular.

Es en este contexto en donde aparece el trabajo de Pinar, W. F. (2014), quien en su libro titulado *La Teoría del Curriculum* presenta una visión del campo curricular de una forma compleja y dinámica, en donde los "sujetos"[3] están en una constante crítica y autocrítica de su actuar. En esta línea crítica de trabajo es como la reflexión[4] es una herramienta perfecta para la generación de debates, de la provocación e incitación de desacuerdos (para después generar acuerdos) entre las diferentes posturas que se presentan dentro de los mismos espacios educativos. Este tipo de confrontaciones es lo que ha provocado el progreso respecto a este ámbito del saber, dando como consecuencia, aportes directos a la educación, a la misma política y por supuesto, a la sociedad.

Este primer acercamiento crítico sobre cómo repensar el curriculum está ligado, a una crítica de lo que –en un contexto en específico y en un año en particular- en Estados Unidos se había hecho, se estaba haciendo y se pensaba seguir elaborando respecto al curriculum; una especie de actividad administrativa, técnica, lineal, plana, sin espacio para la crítica o la reflexión, ligado al cumplimiento de indicadores, en pocas palabras, con una visión meramente reduccionista[5] que incluso aún se sigue enfatizando este enfoque curricular.

A partir de esa crítica, Pinar, W. F. (2014) enfatiza en la imperiosa necesidad de comprender y repensar el curriculum desde la complejidad y la diversidad. A partir de quienes participan en su elaboración (en lo teórico) y por supuesto, en la práctica. Este análisis lo refuerza incluyendo el sentido que debe existir para la comprensión del tema, y además, de su devenir histórico.

La postura de Pinar va en contra de los trabajos confinados principalmente al mundo académico en donde se había generado teoría curricular ligada a una visión tyleriana y conductista. Pinar se convierte en un sujeto opositor desde este mundo teorizado, y encabeza un camino que, en ese momento de la historia, era un golpe sobre la mesa que trastocaba a lo ya establecido. Se da ingreso a una forma totalmente diferente de realizar

---

3   Participantes y/o actores inmersos en el proyecto socioeducativo.

4   Actividad que permite la repensar la serie de actividades cotidianas, en busca de una coherencia epistémica, que le dé sentido pensar y al hacer.

5   En la actualidad, dentro del Sistema Educativo Mexicano (todos los niveles) este tipo de visión continúa estando fuertemente presente, lo cual provoca una complicada misión al momento de querer modificar la concepción de los actores respecto al curriculum como una herramienta compleja.

una teorización del curriculum, que tardó en llegar al mundo educativo de latinoamérica, pero que, en la actualidad, se tiene presente para repensar del ámbito curricular.

Dentro de las "diferentes maneras" de repensar el curriculum, Pinar, W. F. (2014, p. 32) presenta un método basado en la autobiografía como una "forma de crear espacios de libertad subjetiva". Lo anterior da la bienvenida a cada una de las experiencias vividas con relación a los actores en el campo de la educación; docente, estudiantes, directivos y demás personas involucradas, las cuales ahora tienen un medio para expresar sus intereses, sus vivencias. La construcción de narraciones (mediante la construcción de relatos escritos) fue el método para llegar a cabo lo mencionado el comienzo del párrafo. Esta *disonántica* metodología de trabajo identifica como pregunta generadora la siguiente: ¿qué quiere decir eso? Narrar la experiencia permitió darle un duro golpe a las prácticas estandarizadas presentes que tratan de imponer una especie de *tecnologización* administrativa de cómo hacer el curriculum.

Bajo este supuesto crítico, se propone una serie de ideas que tratan de mostrar que la educación no es una especie de fábrica, que los docentes no trabajan como burócratas al servicio del poder federal (Estado) y que hablar de curriculum no es solo hablar de una "cosa" técnica. Desde su perspectiva, la educación es un espacio para la oportunidad para el aprendizaje, los docentes son "artistas", creativos personajes que innovan y reconstruyen su hacer, y el curriculum es una herramienta bastante extensa, en palabras del mismo Pinar, W. F. (2014, p. 35), una conversación compleja.

Pinar, W.F. (2014, p. 36), es reiterativo con relación a una "llamada para conversar o a la conversación" en torno al curriculum. Estas actividades dialogantes deben implicar una serie de actividades flexibles, abiertas, horizontales, reflexivas y críticas, en donde la parte histórica no se debe de dejar de lado, ya que es un sustento directo respecto a las formas en cómo se ha constituido el tema del curriculum, tanto a nivel internacional como en el plano local. Esto permite comprender que tampoco se deben de perder de vista ciertas dimensiones al momento de estudiar el curriculum; cuestiones de índole racial, religioso, de género, de identidad, de clase sociales, y de orientación social. Son elementos constitutivos del curriculum.

Se considera que este autor se coloca en un momento en donde su crítica hace tambalear a lo establecido teóricamente. Este "hacer ruido"[6] provocó que el tema se comenzará a analizar con gafas[7] -en metáfora- con otro tipo de armazón. Es por ello que el hacer teoría implica un procedimiento que generará molestia en otros personajes, pero que, para el tema de generar conocimiento, es una manera de progresar, de ir más allá de lo ya "terminado", de darle un giro a lo que nadie quiso trabajar. El autor permite ver, desde una posición externa, como es que el tema del curriculum se asume como una actividad compleja, porque implica salir de un discurso ya establecido. El reto se ubica en aprender de la autocrítica y de la renovación de la práctica, es decir, comprender la complejidad y cuestionar la linealidad educativa.

Si bien, desde ópticas no tan similares, ambos postulados (Morín, E., 1999 y Pinar, W. F., 2014) incluyen una concepción más sistémica del tema, lo cual da la bienvenida a la complejidad, a la autocrítica, a la participación de los actores de la educación, del diálogo y la siempre necesaria mejora de las prácticas considerando las áreas de oportunidad presentes.

El trabajo de Morín representa una espiral conceptual inserta en un movimiento de la sociedad. Es una especie de ventana abierta, un punto de observación que incluye al observador; implica la reflexión, la recolección informativa y el servicio que adelanta inquietudes y preguntas para que la "realidad" circule por las aulas, espacios y relaciones, permitiendo que las partes, los elementos, valores y acciones se interrelacionen en pautas de constante cambio, remodelación y avance respecto al origen (Consejo Académico Científico Internacional de la Multiversidad Mundo Real, 2006).

Esta misma lógica es la que en el trabajo de Tobón, S., y otros (2010) se presenta, es decir, es una concepción teórica que implica la construcción de un curriculum en donde se busca como actividad principal la formación de profesionales capaces de *saber ser, saber conocer, saber convivir y saber hacer*. Con estos horizontes por alcanzar es como se introducen las

---

6   Uso de metáfora.

7   Término que también utilizo en metáfora.

competencias, las cuales son transversales con relación a las prácticas de los actores principales de la educación.

La inserción de las competencias está ligada al rechazo de la concepción empresarial con la que siempre se le ha relacionado. Esta postura es similar a los que Gimeno, S. J., (2008) realizó en su ensayo académico; en este escrito el autor evidenció el fenómeno polisémico de las competencias como un problema presente en la educación de manera acrítica, el cual debe de atenderse de inmediato.

Tobón, S., y otros (2010) logra plasmar en una secuencia que le da sentido al diseño del curriculum englobando elementos que trabajan de forma colaborativa y que sin su presencia no daría sentido a la complejidad que implica el hablar del curriculum. Si la idea es reconocer el curriculum como un proyecto socioeducativo con la participación de una cantidad de elementos y actores trabajando en forma relacionada, las argumentaciones anteriores son un marco de referencia fundametnal para continuar con la construcción de una teoría del curriculum en su dimensión procesual y metodológica.

2.2. El currículum como generador de capacidades básicas, específicas y para toda la vida.

Uno de los retos para hacer curriculum se ubica en desestructurar las cúpulas institucionales que han generado conductas hegemónicas: poca participación de la comunidad educativa en el desarrollo, planeación y programación en la implemantación curricular; docentes que operan mediante metodologías para el aprendizaje de manera acrítica; desvinculación entre teoría y práctica; estudios insuficientes sobre nuevas líneas de trabajo así como el desconocimiento y carencia de las estrategias para potenciar la formación del talento humano lo que, en suma, genera una visión curricular superficial evitando el trabajo estructural para la transformación de las prácticas académicas e institucionales.

Peñaloza, W. (2005) realiza una aportación al denominado *currículo integral,* mencionando principalmente que no es lineal; sino holístico; "debe de estar constituido de conocimientos, pero además por las prácticas profesionales que hagan auténtica en los educando la real posesión de su carrera" (p. 280). El reto, minimizar la búsqueda únicamente el conocimiento por el conocimiento (que no se demerita) sino también su aplicación en los diferentes campos en los cuales el estudiante se desarrolla.

Algunos rubros para tener la posibilidad de configurar un proceso curricular alternativo pueden precisarse mediante ejes para la intervención, estos son: la investigación-acción como proceso que requiere de una problematización e interrogación frente a su contexto actual, su pertinencia, por lo que siempre se está en permanente creación, haciéndose y repensándose lo que deriva en un procedimiento metodológico cuya génesis es la observación, deconstrucción (análisis de los aportes), reconstrucción (transformación) y práctica; la autorreflexión, acción que involucra a los participantes a verse en el espejo, aprender a autoanalirzarse en su propia actuación y en sus prácticas sociales que identifique las propias expectativas personales y como integrante de una comunidad; resignificación del curriculum, momento en el que el profesor a través de su mirada crítica decodifica los contenidos y elabora su plan de clase argumentado con el planteamiento de las diversas situaciones para el aprendizaje; el aprendizaje en contexto, representa uno de los factores definitivos que le da sentido a la construcción de capacidades tanto del profesor como del alumnado.

El perfil del egresado y la malla curricular como contrato y significado social.

Uno de los elementos estructurales que conforman el diseño de un proceso curricular es, sin duda, el establecimiento y formulación del perfil del egresado. Representa la visión objetivo del profesionista y profesional que se pretende formar. Responde a la intención de formar talento humano en diversos campos sociales, productivos y científicos. Significa el compromiso social de la institución y del programa educativo para que a través de sus egresados se involucren y participen en la solución de los grandes problemas nacionales. El perfil del egresado se configura mediante diversas trayectorias materializadas en unidades de aprendizaje las cuales, plantean los diversos momentos de la formación que va de una línea de formación básica inicial, básica profesionalizante, profesionalizante, especializante u opcional.

En términos de Hawes, G. (2010) el perfil de egreso se concibe como una declaración formal que hace la institución frente a la sociedad y frente a sí misma, en la cual señala los compromisos formativos que configuran la identidad formativa profesional de la persona, así como la identidad en el contexto de los objetivos que persigue la institución, su modelo académico y la especificacón de los diversos ámbitos para el desarrollo profesional vivificadas en las competencias centrales integradas.

Los componentes relacionados con el perfil de egreso son tres: declaración general de propósitos formativos, especificación de los ámbitos de realización propios de la profesión con su descripción y declaración de competencias asociadas (Hawes, G., y Troncoso, J., citado en Hawes, G., 2010). En el proceso de construcción curricular, el perfil del egresado, las unidades de aprendizaje y su representación en la malla curricular deben observar coherencia, pertinencia, viabilidad y consistencia interna.

Con respecto a la coherencia, se habla acerca de la misión, visión y valores institucionales adicionando el modelo educativo. Por lo tanto, se refiere al grado en que las competencias se traducen y dan cuenta al perfil de egreso (Hawes, G., 2010). Por pertinencia, está en relación a las demandas tanto internas como externas del currículum, en donde responda a lo que la sociedad le demanda sobre las profesiones. La viabilidad, se traduce en el diseño, instalación, habilitación e implementación de los procesos curriculares. Por último, en cuanto a la consistencia interna, demanda que las competencias se traduzcan en el perfil de egreso de forma práctica.

La malla curricular

La malla curricular es la representación que se traduce en el plan de estudios o plano curricular de un programa educativo. Responde a las preguntas ¿Qué debe saber y saber hacer el egresado de un programa educativo? Esta e cuestionamiento tiene su respuesta en el perfil de egreso. Y ¿Cómo se van a adquirir estos saberes y habilidades? Se le llama malla por que los contenidos seleccionados para la conformación de un programa académico, son pensados en su relación vertical (pre requisitos, complejidad...), como en su integración horizontal (contenidos transversalmente compartidos). Estos cruzamientos entre las relaciones de complejidad y las de transversalidad entre los contenidos que conforman un plan de estudios, generan una idea de tejido o malla. Algunos componentes de las mallas curriculares son: especificación del nivel de concreción del curriculum en que se estará expresando la malla curricular (institución, área disciplinar o de conocimientos), los rasgos del perfil de egreso que estará propiciando o consolidando, los contenidos (conceptuales, procedimentales y actitudinales), las estrategias de enseñanza aprendizaje, las estrategias de evaluación y acreditación de los aprendizajes y los recursos y medios didácticos que permitirán la mediación.

Con base en García, L. E.B. (2007:6) se entiende por malla curricular "... la representación gráfica de la distribución de los ciclos de formación y de los cursos contemplados en el plan de estudios; la malla curricular permite hacer visibles las relaciones de prioridad, secuencialización y articulación de los cursos entre ellos y con los ciclos. Por otro lado, como un esquema de red el cual tiene en cuenta los ciclos, campos, disciplinas y áreas; establece relaciones de grado, secuencias sistemáticas y correlatividades entre los diversos cursos del plan de estudios, en forma vertical y horizontal".

La flexibilidad curricular se centra en el estudiante puesto que se refiere a la movilidad de éste, en su trayectoria escolar. Se refiere a la interacción entre las relaciones entre las diferentes áreas y campos de conocimiento, o de los contenidos culturales que conforman un programa académico. La flexibilidad también implica la actitud de los directivos, respecto a la exigencia institucional, administrativa y estilos de gestión participativos.

La flexibilidad curricular "se entiende como un concepto relacional que permite superar la fragmentación en cuanto a concepciones, formas de organización, procedimientos de trabajo y articulaciones entre los diferentes campos, áreas de conocimiento y contenidos que configuran un currículo con un modelo de organización administrativa" (Universidad Distrital Francisco José de Caldas).

La modalidad educativa se refiere a los diferentes ambientes y mediaciones de aprendizaje a través de los cuales se expresará el proceso de enseñanza aprendizaje. Las modalidades reconocidas son: presencial, a distancia, escolarizada, semiescolarizada, abierta, intensiva y a distancia. Algunas características de estas modalidades educativas pueden estar relacionadas con las interacciones que se dan entre los participantes del proceso de enseñanza aprendizaje (facilitador – alumno, alumno – alumno, grupo – alumno, grupo – grupo, subgrupo – grupo…) como son los de sincronía y asincronía, que se refieren a la continuidad de las interacciones.

Las trayectorias escolares se refieren a la interrelación que puede existir o no entre los contenidos del curriculum, expresados a través de prerrequisitos que al mismo tiempo expresan la flexibilidad administrativa. Se refieren también a las formas de acreditación y certificación de los conocimientos, a lo largo de los períodos que comprende el programa educativo que se curse.

Hay tres formas de acercarnos a las trayectorias escolares: desde la perspectiva de la propuesta, basada en las posibilidades de incluir o no contenidos de aprendizaje previo al inicio de un programa académico; la perspectiva del proceso de formación y la retrospectiva, a la conclusión del programa académico.

Diseño de estrategias de aprendizaje para el aprendizaje autónomo y mediacional

El aprendizaje como proceso de construcción del conocimiento transita por diversas concepciones, la que pretende transmitir los saberes clásicos, contenidos que se van acumulando. Estos saberes se sustentan en propuestas didáctico – pedagógico que se sustentan en el academicismo, la disciplina funcional, estilo docente autoritario, vertical, verbalista y unidireccional. La relación profesor alumno es excluyente, con un alumno con actitud pasiva y el profesor en su rol eminentemente activo.

La otra posición metodológica para el aprendizaje del alumnado se desarrolla mediante procesos participativos, reflexivos, centrado en el estudiante y en donde el docente pone en juego su imaginación para crear situaciones y ambientes que permiten la generación y el redescubrimiento del conocimiento.

En este entorno lúdico y vivencial el proceso para aprender es individual, colectivo, colegiado e incluyente. Se trata de aprender de manera significativa, contextuada y con la posibilidad de entender los fenómenos que se suceden en la comunidad en donde viven y desarrollan los alumnos.

Los contenidos son importantes en la medida que contribuyen al desarrollo de destrezas cognitivas, procedimentales y actitudinales y busca la comprensión de conceptos, principios, leyes y teorías. La metodología presta más atención a los procesos que a los resultados. El profesor se relaciona con el alumno de manera directa, propone las orientaciones, tareas, proyectos y desafíos. Los alumnos optan por una actitud de búsqueda, investigativa y de descubrimiento.

Por último, el modelo sociocrítico, también conocido como contextual u holístico; tiene la finalidad de buscar el desarrollo pleno de las potencialidades del hombre para alcanzar su libertad, identidad y con ellas convertirse en constructor de la nueva sociedad. Su metodología es colectiva, dinámica, creativa, actividades reflexivas y críticas; utiliza la investigación como técnica didáctica básica que lleve a los alumnos a una posición de cuestionamiento. Los contenidos están orientados a los que provee la experiencia contextualizada y relacionada con la realidad. Se hace de los problemas y necesidades del entorno para comprenderlos a la luz de la ciencia y actuar sobre ellos buscando alternativas de solución.

Finalmente, en la mediación para generar aprendizaje están implicados varios elementos del contexto que es imprescindible especificar. El entorno, implica la situación geográfica, cultural e institucional sobre la cual se establecerá una situación de aprendizaje. Incluye la infraestructura física y todos los elementos formales e informales propios de una situación de aprendizaje formal. El ambiente de aprendizaje, tiene que ver con el tipo de interacciones que se propician entre los distintos participantes de una situación de aprendizaje en específico. Estas interacciones pueden estar orientadas a la facilitación del aprendizaje o a la cohesión, interacción e integración del grupo de aprendizaje con sí mismo o con el momento de aprendizaje. El clima, es propiciado por el profesor pues tiene que ver con la motivación, la cantidad de interacciones y la adaptación del entorno hacia la situación de aprendizaje.

El papel del docente es un factor clave ya que es el gestor del aprendizaje, luego va transitando hacia la situación de mediador, facilitador y de acompañante del alumno en su proceso de aprendizaje. La labor del docente se vuelve fundamental y desde la perspectiva de Morín, E., (1990) habrá que considerar las intenciones de la enseñanza y del fenómeno educativo: 1. Una educación que cure la ceguera del conocimiento: el error y la ilusión, 2.- Una educación que garantice el conocimiento pertinente. 3.- Enseñar la condición humana. 4.- Enseñar la identidad terrenal. 5.- Enfrentar las incertidumbres. 6.- Enseñar la comprensión. 7.- La ética del género humano

Con base en las anteriores consideraciones, se asume que el diseño del currículo implica procesos sociales, de enseñanza aprendizaje y de conocer y evaluarnos a nosotros mismos, lo que conlleva también "saberes" como lo llama Morín, E., (2010) y Pérez, L. A. (2009) coinciden en que los saberes se relacionan con "los fenómenos de generalización, masificación y globalización de los procesos educativos anuncian un nuevo horizonte: la comunidad educativa global" (Pérez, L. A. 2009, p.5) y que este nuevo escenario permite tener una visión compleja de las nuevas condiciones de la educación.

Se puede decir entonces que las perspectivas del currículo como proceso, como lo vivido o como lo oculto, han abierto la posibilidad de múltiples y distintos desarrollos conceptuales: las relaciones entre cultura y procesos escolares; el empleo de la etnología, llamada etnografía en educación, para describir una multiplicidad de acontecimientos en el escenario escolar, como: formas de autoridad y de trabajo pedagógico, sistemas de interacción entre estudiantes y de evaluación. Es decir, develar la cultura escolar desde dentro.

Díaz Barriga, A. (2003, p. 45) menciona que: "El diseño curricular propone elementos alternativos y se aparta de la concepción técnico-tradicional, para analizar la relación entre la práctica de la profesión y la producción económica. El análisis de esta práctica define las necesidades de conocimientos que deberá contener el diseño curricular y cada uno de los módulos"

Para Perrenoud, P. (2004) las competencias contienen tres elementos complementarios, el tipo de situaciones en los que se da, los recursos que moviliza: conocimientos teóricos y metodológicos, actitudes, habilidades, esquemas motores, esquemas de percepción, evaluación, anticipación y decisión, aplicación de competencias más específicas y finalmente, la naturaleza de los esquemas de pensamiento. Para elaborar el perfil de egreso, se han diseñado competencias genéricas y específicas, las cuales son: Planeación para el aprendizaje, organización del ambiente en el aula, promover el aprendizaje de todos los estudiantes, compromiso y responsabilidad en la profesión y vinculación con el entorno comunitario e institucional.

En referencia a la resolución que un problema exige, se pretende el ordenamiento de cierto tipo de información. El módulo parte de un programa completo de capacitación, es una unidad en sí misma, puesto que contempla, teórica y prácticamente, la totalidad de un proceso definido por un problema concreto, llamado Objeto de Transformación. "Es un conjunto de relaciones sociales, institucionales, laborales y pedagógicas en la que los trabajadores académicos se desempeñan" (Díaz Barriga, A., 2003, ANUIES). Busca construir metodologías de evaluación cualitativa, además de que detecta la relación entre procesos sociales e institucionales y procesos de diseño curricular. Al estudiar el propio modelo educativo se confrontan los planes de estudio en donde están involucrados la historia social de la profesión y la participación del personal docente como se mencionó anteriormente.

El término competencia se ha vuelto una palabra omnipresente en el discurso educativo actual, sin embargo, su popularización académica no siempre ha sido acompañada de una teorización seria o responsable al respecto. Más allá de esta característica estructural del campo de estudio, que define y configura al término competencia, es posible observar dos indicadores que se entrelazan y nos hablan de su importancia para el pensamiento educativo contemporáneo: su multipresencia y su heurística. La primera interrogante que se plantea es la siguiente: ¿Qué es la gestión curricular por competencias desde la socioformación?

Así mismo podemos ver que en el campo de las competencias se ha dado un gran debate en torno a si las competencias son un enfoque o modelo.

Se dice que las competencias como enfoque se focalizan en una serie de aspectos de la educación y no pretenden abordar todo el sistema educativo, mientras que las competencias como modelo implican todos los elementos presentes en la formación de las personas (personales, sociales, económicos e institucionales).

Para Tobón, S. (2007) existen una serie de proyectos de aplicación del enfoque socioformativo el cual plantea el supuesto de que el establecimiento del diseño curricular por competencias debía asumir nuevos retos, los cuales están implícitos en la propuesta original del enfoque socioformativo complejo pero que tienen que ser explicitados y puestos en acción de manera formal, en los términos siguientes:

- Articular el diseño curricular desde una perspectiva global como lo es la gestión del currículum.
- Integrar el diseño curricular como parte de la gestión de la calidad académica.
- Relacionar el proceso de diseño curricular con otros procesos de las instituciones educativas como la gestión de recursos, el establecimiento de alianzas, la gestión del talento humano y la medición de resultados.
- Plantear el diseño curricular de forma más sencilla a cómo tradicionalmente se viene haciendo en las competencias con el fin de facilitar que los docentes se impliquen de mejor manera y puedan contribuir más fácilmente en el proceso.

A partir de los retos anteriormente identificados, se llegó a la construcción del modelo GesFOC Tobón, S., et al., 2010; Tobón, S., 2007), dicho modelo pretende que cada uno de los diez procesos académicos centrales, establecidos desde las competencias, se aborden mediante cuatro acciones fundamentales: direccionamiento, autoevaluación, planeación y actuación, para lograr el continuo aseguramiento de la calidad. ¿cuáles son los alcances de cada uno de estos conceptos?

Para la dirección se establecen criterios para determinar qué metas se pretenden lograr en el proceso y cómo evaluarlas de forma concreta. Se tienen en cuenta los retos de todo el sistema académico; La planeación se desarrolla con base en los aspectos que se deben mejorar o implementar a partir de la evaluación, se determinan acciones concretas a llevar a cabo, con los correspondientes recursos y talento humano; para actuar se ponen en acción las actividades planificadas buscando el cumplimiento de los criterios, y llevando a cabo una reflexión continua que permita el mejoramiento y la prevención y corrección de errores; finalmente en la evaluación, la cual se refiere al proceso, ésta se lleva a cabo mediante la determinación de los criterios respecto a logros y aspectos por mejorar.

PRINCIPIOS METODOLÓGICOS PARA EL CAMBIO CURRICULAR

3.1. Los constitutivos metodológicos

El reto para llevar a cabo el cambio curricular consiste en diseñar las estrategias específicas en sus diferentes ámbitos y dimensiones. Se trata de acciones intencionadas de carácter metodológico desde y a partir de los actores institucionales, centrada en la acción y en donde se identifique al proceso curricular como la posibilidad para la generación de una nueva cultura académica, lo que implicará nuevas formas de entender la vida en la institución escolar, como acto permanente y deliberado para la reeducación.

La metodología curricular tiene sus fundamentos en cuatro directrices que se consideran para su operacionalización.

1. La epistemología de la investigación-acción: construcción del método.
2. La animación socio-cultural: mediaciones y talleres vivenciales.
3. Los ámbitos de la transformación curricular: el acto de educar, el colectivo de profesores, la reforma curricular, la transformación estructural de la institución.
4. ¿Qué hacer? Diseño, reestructuración, actualización y reforma curricular.

La epistemología de la investigación-acción: construcción del método

La generación de conocimiento es un proceso que se construye en la interacción entre sujeto y objeto. En la investigación acción el sujeto, es sujeto y objeto de conocimiento, en contexto, por lo que los saberes, la historia que posean las personas se recuperan, problematizan y ubican en campos que plantean posibles rutas de intervención para la transformación de la realidad y desde el ámbito donde vive y se desarrolla el sujeto. Cobra relevancia la relación entre teoría y práctica. En esta lógica, se parte de la práctica, la experiencia cotidiana del sujeto para confrontarla con la teoría, se conceptualiza y tematiza y se regresa a la práctica con mayores posibilidades de comprenderla y cambiarla. Es un proceso dialéctico en el que el conocimiento generado, por colectivos y comunidades especificas, está llamado a ser la génesis de nuevas explicaciones sociales, educativas, políticas, culturales, entre otras.

La metodología propia de la investigación acción participativa, tiene como línea estrátegica la intervención colectiva para la solución de un problema social o educativo. Supone y exige una serie de tareas previas, que deben realizarse antes de iniciar el trabajo propiamente dicho. Si así no se hiciera, la investigación participativa estaría viciada de lo que denominamos la "no participación", la "pasividad impuesta". Determinar las acciones participativas en la lógica anteriormente descrita, representa el desconocimiento de la esencia de este enfoque de investigación, por lo que no desarrollaría sentido de pertencia rumbo a las actividades de transformación.

Para poder llevar a cabo este proceso es necesario que, mediante la problematización, se propicie un nivel básico de concienciación en los sujetos involucrados de una comunidad. Este momento representa la plataforma que permitiría acceder a otros momentos del proceso, en una dinámica ascendente tanto en el aprendizaje colectivo como en la disposición para el cambio.

El origen de la intervención ¿Quiénes son el objeto de trabajo?

Al cuestionar sobre quiénes son las personas que necesitan ayuda en el ámbito productivo, público, privado o social, para la solución de problemáticas no prefiguradas, concertadas con los involucrados, se estaría en el camino de la construcción de proyectos en donde el centro es la autoorganización, la sensibilización para transitar a otro estadío en la organización y, finalmente para un desarrollo integral y cambio en las prácticas de la institución. Lo anterior, no desconoce la diversidad de las prácticas y la heterogeneidad de los saberes de las personas, insumos necesarios para dibujar el origen de la intervención curricular.

En general, el origen de quienes desean movilizarse es un factor clave para diseñar la intervención desde el enfoque de la investigación acción participativa aprovechando todas sus potencialidades (Ander-Egg, E., 2003).

De ahí la importancia de que, en estas tareas previas, se realicen acciones de negociación, de las implicaciones, que deben conocer los sujetos clave para las estrategias derivadas del procedimiento metodológico que sienta sus bases en los talleres vivenciales. En efecto, se plantean tareas diferenciadas y previas de acuerdo al acercamiento primario a las problemáticas educativas y sociales, lo que configurarán el proyecto integral.

Es necesario tener un cierto conocimiento de las características de los potenciales actores que se van a co-implicar en el proceso de la investigación. Pueden ser gente con mucha iniciativa y ganas de participar o sectores de población escasamente motivados; entre estos dos extremos, cabe una gran variedad de situaciones. Por lo anterior, es determinante que el equipo detecte y analice en conjunto las necesidades y los actores principales mediante la inmersión en los grupos o sociedades de donde se origina, situación que pueden lograr con la cooperación de los mismos afectados, así como su disposición a participar en la resolución o análisis de una circunstancia determinada.

La conformación del equipo base

De acuerdo con las circunstancias debidamente registradas en las bitácoras de vida grupal, se procede a la constitución del equipo responsable de realizar el programa de acción y, antes de ello, el estudio y el autodiagnóstico de la situación, y la programación de actividades.

Existen diferentes posibilidades para conformar los equipos de trabajo, esto depende del tipo de programa o proyecto, de los servicios que se deriven y los objetivos de la transformación a lograr.

Finalmente, las personas aportan sus vivencias y experiencias que surgen de vivir cotidianamente determinados problemas y necesidades, y de tener centros de interés para su realización personal, familiar o colectiva. También influye la capacidad desarrollada por la práctica de la acción voluntaria o de la militancia en organizaciones (Ander-Egg, E., 2003).

El proceso de conformación de los equipos de base reconoce el tránsito a un trabajo colectivo, colaborativo y colegiado. Parte del análisis de las necesidades de la realidad debidamente contextualizada, de los referentes teóricos divulgados de experiencias similares, de las técnicas desarrolladas lo que podría aportar en el momento de realizar el análisis del caso, objeto de estudio y transformación. Un valor no negociable lo es, sin duda, el nivel de comunicación que se logre entre todos los miembros del equipo, así como el debate de las percepciones detectadas de cada uno de ellos, con la finalidad de especificar y delimitar los puntos de trabajo que cada quien realizará, es decir, los roles que asumirán durante el proceso sin desconocer los valores que pautan la experiejncia de manera global y de lo que se espera de cada una de las personas involucradas.

Los instrumentos que se derivan de las acciones de intervención curricular, se ubican como mediaciones que tienen el objetivo de recuperar la experiencia desencadenada durante las actividades propiamente de intervención, planificadas de manera participativa con el equipo base. Los hechos producidos son los datos cuantitativos y cualitativos que conforman los corpus en donde se guarda o conserva todo tipo de información susceptible de analizar en etapas posteriores y principalmente para la sistematización de la experiencia. Esto es más evidente en todo método participativo, si se toma en cuenta que la incorporación de la experiencia, los conocimientos y la práctica de la gente múltiple y variada enriquece el proceso global del método en su retroalimentación y retroacción, entre el equipo técnico y las personas, entre lo que se estudia, diagnostica y programa, y la realidad misma sobre la que se actúa (Elliot, J., 1990).

Bautista, N. (2011) señala que ante la variedad de métodos que ofrece el sistema cualitativo, es importante reflexionar sobre cuál es el más coherente con el problema y la necesidad social, con la selección de los sujetos, los instrumentos e interacción entre todos los involucrados.

Fases del proceso de investigación acción en su concepción metodológica:

A continuación, se presentan los pasos esenciales de la investigación acción (Diseño Curricular. Curso 2019).

- Ubicación de un ámbito geográfico, con personas que viven, experimentan una diversidad de problemas en el tiempo, en donde se advierten conflictos, ausencias, contradicciones, injusticias. Problemáticas diversas desarticuladas.
- Se toma la decisión de trabajar las problemáticas en contexto
- Se conforma el equipo base en donde la comunidad está equilibradamente representada, es incluyente y todas las expresiones forman parte del colectivo
- El equipo base o clave se autoforma, mediante seminarios y con el apoyo de un experto en procesos participativos inician los primeros análisis de las problemáticas de la comunidad y revisa el camino metodológico en el marco de la investigación – acción
- Se formula el Autodiagnóstico de la Problemática socio educativa, lo que permitirá mediante la problematización elaborar la red de problemas e identificar el o los asuntos que colegiadamente se decide abordar y se explica entre todos los participantes.
- Se fundamenta el problema elegido, una vez que se identifica su pertinencia oportunidad y nivel de afectación hacia la comunidad. Se trata de vincular el problema con la teoría, o los reportes de experiencias con resultados debidamente teorizados. Los participantes identifican que hay ciertas explicaciones que pueden ser cercana o lejanas a sus problemas en su contexto específico
- Se diseña la estrategia metodológica para la intervencíon social. Se establecen roles, niveles de participación, la recogida de la información y de los datos, se especifican las técnicas e instrumentos y las herramientas para la conservación de la experiencia (videos, audios, bitácoras). Se establece el

procedimiento para la devolución sistemática de los procesos y productos a la comunidad involucrada
- Se implementa la estrategia metodológica formalizada y se desencadena las actividades rumbo a la solución de la problemática. La implementación es un momento en permanente conflicto y negociación, por lo que es importante que se realicen cortes o cierres en momentos en los que es importante verificar avances, retrocesos, dificultades en la operación de las actividades progamadas.

En esta fase cobra relevancia la evaluación y el seguimiento de las actividades individuales y colectivas de tal manera que se pueda replantear o redireccionar las acciones rumbo a los impactos que se han establecido y fueron aceptados de manera consensuada por el colectivo. Se toman decisiones, se valoran las estrategias de la intervención, se reconoce la calidad de la información y de los datos que paulatinamente se van recabando y se prepara el material, se organiza en diversos corpus (material escrito, video, bitácoras, productos de ejercicios y resultados de talleres vivenciales)

- Se elaboran los informes y se socializan con la comunidad. Se debaten las ideas del cambio. ¿Qué ha sucedido? ¿Qué tranformaciones se lograron? ¿Porqué? ¿cuáles son los sentires de las personas involucradas?

A parir de lo anterior la investigación-acción considera la situación desde el punto de vista de los participantes, quienes describen, comprenden y explican los hechos tal como suceden en la realidad y en el que se utilizan los mismos códigos lingüisticos y forma de comunicación, como lo hacen en el día a día.

La investigación-acción contempla los problemas desde el punto de vista de quienes están impicados en ellos, sólo puede ser válida a través del diálogo libre y de trato con ellos; implica necesariamente a los participantes en la autorreflexión sobre su situación, en cuanto a compañeros activos en el proceso.

Los relatos de los diálogos con los participantes acerca de las interpretaciones y explicaciones que surgen de la investigación deben formar parte de cualquier informe de investigación-acción, que detalle e informe los acontecimientos que van formando parte del mismo proyecto y que puedan servir como base para la obtención de información.

Las mediaciones y los talleres vivenciales en el marco de la animación sociocultural

Dentro de los principios metodológicos para el cambio curricular se encontra a la animación socio-cultural. La animación constituye un instrumento idóneo para generar procesos de participación, proporcionando a individuos, grupos y comunidades, los instrumentos necesarios para que, con la libertad, responsabilidad y autonomía, puedan desarrollar su vida cultural.

La animación sociocultural representa la oportunidad que trata de motivar y estimular la problematización de un colectivo para que este inicie un proceso de desarrollo cultural y social. Se caracteriza por trabajo en ámbitos concretos y específicos y se espera que los cambios se logren en el mediano plazo. En este tipo de procesos el mediano plazo se ubica en la línea del tiempo entre los 12 y 24 meses de actividad permanente y como proyecto multianual. Se acepta que en el caso de procesos educativos, por las características de ambiente y delimitación institucional se esperarían resutados en períodos escolares anualizados.

De esta manera como lo menciona (Ander-Egg, E., 2003) no se define por sus elementos parciales, afinidades, métodos, estilos, sino por la globalidad de su proyecto de intervención. Todos estos elementos parciales son importantes, pero cuando se unen para un proyecto de intervención se comprenden.

Asimismo, la animación sociocultural es simultáneamente una intervención política y educativa, la primera porque aspira a un determinado modelo de sociedad y establece los medios para el desarrollo hacía su transformación estructural, y es educativa en cuanto busca lo anterior mediante el perfeccionamiento de las personas y el cambio de sus mentalidades, valores, actitudes en función de un determinado modelo de persona.

Esto no es un trabajo sólo de una persona, sino que es de todo un equipo debido a que es una tarea compleja abordable sólo por equipos y será eficaz en la medida en que se consiga una acción integrada de todos y cada uno de ellos.

La animación sociocultural no dispone de un cuerpo teórico propio, sino que se ve obligado a utilizar las ciencias sociales, su campo profesional está asociado a la política, social y educativa. No se inventa nada, parte de la realidad, es decir de todas aquellas actividades, espacio o momento en que la persona vive su vida cotidiana, está siempre en función del trabajo de base, en pequeños grupos y se discute cara a cara la realidad de todos los días, los dinamismos de la sociedad civil.

Se plantea dar respuesta a necesidades de forma abierta y en permanente problematización; pone los medios para que el propio grupo encuentre respuestas a sus necesidades y es conflictiva porque su intención transformadora se observa en la práctica, por lo que necesariamente encuentra dificultades porque asume el conflicto como una forma útil de avanzar.

La animación sociocultural se va introduciendo, aunque de forma lenta, en la universidad, formando parte de la estructura curricular de la educación social. Se contempla como un fenómeno social con entidad propia, ya que desarrolla la intervención cultural y comunitaria para la mejora de la calidad de vida de los ciudadanos. La animación sociocultural quiere ciudadanos solidarios, sociedades donde se conviva, personas que se relacionen con el otro (Pérez, G., 2001).

Según Merino, J. (1997), las tendencias de futuro de la animación sociocultural pueden concentrarse en cuatro indicadores principales. 1. Teórico: que coincide en líneas generales con otros conceptos como democracia y educación. 2. Plural: en cuanto ámbitos de actuación. 3. Especializado en la formación de animadores. 4. Metodológico: donde destaca la participación activa y creativa de todos los agentes que intervienen en los programas de Animación Sociocultural, en las fases de diseño, ejecución e investigación.

La animación socio-cultural interrelaciona personas y grupos de todas las edades en un proceso continuo de crecimiento e intenta desarrollar las capacidades y aptitudes de la persona en el grupo, de cara a participar en su entorno social y transformarlo. Ahora bien, la animación puede ser considerada como forma de intervención socio-pedagógica, como modalidad de la acción cultural o como metodología de actuación.

Ander-Egg, E. (2003) señala las características fundamentales de la animación. La primera característica, es que busca generar procesos de participación entre todos aquellos que están implicados. En especial en el sector educativo se tiende a ofrecer ámbitos de experiencia real para desarrollar formas y hábitos democráticos de actuación, al mismo tiempo que, en otro orden de cosas, se sensibiliza a las personas para que la preocupación de formación permanente, sea algo que tiene que ver con el desarrollo de toda la vida.

Como segunda característica se tiene que el animador cumple con múltiples roles: catalizador/dinamizador, asistente técnico, mediador y transmisor. Finalmente la tercera mención se refiere a los métodos y técnicas de actuación los cuales se apoyan en una pedagogía participativa.

A partir de esta búsqueda de una metodología participativa, hay tres ideas que aparecen como más importantes y significativas. Una de ellas es la superación de la concepción bancaria de la educación, para transformar la "pedagogía de la respuesta" en una "pedagogía de la pregunta", así como la búsqueda de la autogestión en cuanto forma de organizar el trabajo cultural, y por último, la marcha hacia una pedagogía de la comunicación total, como estrategia más eficaz para el trabajo con las personas.

Una cuarta característica es cuando se tiene un doble referente de adecuación metodológica: la práctica de la gente, su nivel y forma de actuación, y la situación contextual. No existe ningún método de acción ni técnicas de actuación que se puedan aplicar siempre en todas las circunstancias; es necesario adecuarlos en cada caso concreto. La alineación metodológica deriva de la realidad específica y del contexto político. Así surge la cercanía vital, como criterio de selección de los espacios o ámbitos de realización de actividades y creación de estructuras de convivencia.

Este postulado, tiene una doble dimensión: las actividades se realizan en el lugar más cercano a donde están las personas y, además, deben estar vinculadas a sus experiencias y prácticas. La experiencia y la cercanía vital ayudan a que lo que se hace como actividad de animación, se convierta en auténticas vivencias y sirva para crear estructuras o ámbitos de convivencia.

En relación a lo anterior, es necesario decir que la animación como forma de intervención socio-pedagógica, no tiene por finalidad principal desarrollar la creatividad, sino la productividad personal, grupal y comunitaria.

Esta característica del trabajo de animación, implica una pedagogía o estrategia pedagógica que busca la valoración de lo propio, con todo lo que ello representa en determinadas circunstancias como afirmación de la propia identidad cultural. Por tanto, está al nivel de la praxis y prácticas sociales.

La animación se apropia de los conocimientos producidos por diversas ciencias, además se apoya o sustenta en la metodología científica y su finalidad o intencionalidad última, no puede prescindir de lo ideológico y lo político, en cuanto son marcos referenciales, que señalen un modelo que se quiere alcanzar; una teoría, la cual guía y orienta la transformación de la realidad.

El desarrollo de la animación curricular

Para vincular la animación sociocultural con los procesos de cambio curricular se mencionan algunas tareas expresadas en las siguientes etapas: la fase de sensibilización/motivación, detección de las minorías activas o grupos de incidencia, capacitación de animadores voluntarios y la promoción y apoyo de organizaciones de base y puesta en marcha de actividades.

En la primera fase lo que se intenta es superar la apatía frente a las actividades culturales. Para ello hay que crear una valoración positiva por lo cultural y por la participación en la vida asociativa como forma de afrontar problemas comunes. Comprender que la cultura y la participación en la vida social son aspectos que conciernen a la vida propia, no tanto como saberes o simples relaciones sociales, sino como formas de existir y situarse en el mundo.

En efecto, es necesario que:

- Las personas se informen y reconozcan su propia realidad: para ello hay que comunicar y socializar información, datos y hechos; la investigación-acción participativa, podría ser el instrumento metodológicamente adecuado a estos propósitos.
- Los participantes se sitúan, al menos con una cierta comprensión de las estructuras económicas, sociales, culturales y políticas en las que están insertos;
- Cada persona, situada históricamente como parte de un proceso, toma posición dentro de la realidad en la que se está inmersa.

Es por ello que las actividades de sensibilización/motivación, deben "conectar" con las situaciones reales de la gente con que se trabaja o con los sectores involucrados en un programa.

Detección de los grupos de incidencia

Una vez realizada la tarea de sensibilización/motivación, o bien durante la realización de la misma hay que detectar las minorías activas y los grupos de incidencia significativa en los procesos y en la vida social y cultural de la comunidad.

La detección de las minorías activas y grupos de incidencia, se puede hacer a partir de diferentes fuentes o momentos:

- Cuando se realiza el estudio o investigación sobre la situación sociocutural;
- Al estudiar la demanda cultural de parte de diferentes grupos y sectores sociales;
- Como resultado de los contactos que el equipo tiene con la gente y las organizaciones;
- Por el modo de actuación o intervención de determinadas personas en actividades socioculturales.

Establecido el contacto, antes de encontrarse con las personas hay que presentar adecuadamente las propuestas que se realizarán y las diferentes alternativas que se ofrecerán. A partir de esas propuestas, se establece el tipo de implicación del grupo o institución; las posibilidades son múltiples: desde acuerdo sobre cuestiones puntuales hasta la realización de programas concretos.

Detectados los grupos de incidencia, se puede tener una oferta generalizada de cursos, talleres y seminarios, mediante programas de formación conforme a los intereses, expectativas, necesidades y motivaciones de los proyectos en curso..

La animación sociocultural presupone la formación - capacitación de la mayor cantidad de personas dentro de la gente involucrada. Esta acción formativa comprende tanto el manejo de las técnicas instrumentales, como el manejo de ciertas claves para la comprensión de la realidad.

Los momentos anteriores, deben conducir a la realización de actividades en la lógica "aprender haciendo". Ahora bien, cuando se emprende la tarea de promover, organizar y desarrollar actividades socioculturales, hay que tener en cuenta cuatro aspectos básicos que Ander-Egg, E., (2003) menciona oportunamente:

- Partir de los problemas y situaciones que viven las personas. Recuérdese que el principio de la "cercanía vital", que significa el contacto directo con la realidad viviente en la que se trabaja.
- La necesidad de articular estos programas con las organizaciones de base, a fin de que las propuestas que se hagan, tengan particularmente en cuenta los intereses de la comunidad. Las organizaciones se conforman como los espacios para asumir el protagonismo en la realización de los programas.
- El tercer aspecto a considerar, es el de no proponer programas normalizados, puesto que la variabilidad, los saberes de los participantes y las condiciones contextuales son específicas de una comunidad a otra. Para cada realidad, para cada circunstancia y para cada grupo, habrá que elaborar propuestas específicas.

- El traspaso gradual de las responsabilidades del programa, proyecto o actividades, a las mismas organizaciones de base.
- Otro aspecto, es la transferencia de conocimientos técnico/operativos (socialización de conocimientos científicos y de técnicas sociales) que permiten que las personas puedan actuar de manera efectiva y eficaz. De lo que se trata es de crear y desatar un proceso en el cual los animadores del programa trabajen en una dirección con la comunidad.

La participación es un objetivo estratégico que aparece como preocupación expresa de la animación sociocultural; es una parte esencial de su estilo de trabajo, pero en determinadas circunstancias sólo se alcanzará parcialmente y también se fracasará.

Sin embargo, en todos los casos hay que reconocer que la animación es fundamentalmente una tarea para desbloquear y desatar un proceso de participación, de expresión y, en lo posible, de creatividad cultural.

La participación de las personas representa el rol protagónico en todo el proceso: ésta es la finalidad última y central de la animación sociocultural.

En el marco de la animación, existen diferentes modalidades de actuación como puede ser el sector cultural, educativo y social, el contexto en donde se desarrollará la experiencia, institucional, social, político, el campo de acción y ámbitos de animación, el criterio pedagógico como puede ser la intencionalidad en la acción, el contenido, el grupo y, finalmente, según el ámbito geográfico.

Se puede actuar en cualquiera de los aspectos antes mencionados, que en realidad corresponden a todas las áreas posibles de acción de los animadores culturales. Una vez que se cuenta con la disposición de los miembros de la institución a cambiar o mejorar las prácticas educativas y habiendo recurrido a la animacón sociocultural, es necesario fijar las áreas de transformación.

3.2.- Los ámbitos de la transformación curricular

En la actualidad el curriculum como proyecto socioeducativo requiere de una transformación radical, que involucre no sólo a quienes participan directamente en la educación formal, sino de todos aquellos ciudadanos comprometidos con la sociedad.

Lograr la participación y el diálogo entre la comunidad resultaría a primera instancia algo complicado, sin embargo, para ello se demandan la configuración de metodologías que ayuden a clarificar los procesos de diseño - reestructuración del curriculum, considerando como referentes al contexto cultural y social en la perspectiva de una mejor educación.

Hoy no es suficiente formar no solo para que los individuos se incorporen al mercado laboral, sino para la formación continua del individuo en el mundo del trabajo y con la intención de lograr mejor calidad de vida.

Las Declaraciones de la UNESCO en las últimas décadas hablan de volver a educar en un sentido amplio: para aprender a pensar, para aprender a convivir, para aprender a ser, para aprender a resolver problemas.

En la educación superior en México, han ocurrido una multitud de cambios que deben ser considerados al analizar sus complejos problemas: ha crecido la matrícula, aunque la cobertura sigue siendo baja; el sistema educativo se ha diversificado con la creciente participación del sector privado; se ha acentuado la evaluación y planificación estratégica con un sesgo centralizado, la deshomologación de los salarios se ha expandido, ha habido múltiples reformas académicas y jurídicas en las universidades y también se han instalado nuevas tensiones entre los agentes políticos.

El proceso de la globalización exige a las instituciones educativas someterse a la internacionalización, de lo contrario las organizaciones se exponen a la obsolecencia. También basar sus planes, programas y proyectos en teorías educativas que respondan a las necesidades sociales detectadas en un contexto determinado. Los planes de estudio de las instituciones educativas deberán ser pertinentes al contexto social y época, aprovechar el uso de internet para elaborar plataformas educativas, educación a distancia, todo ello, permite elevar los índices de escolarización de un país y que impacte en la disminución de las brechas sociales y por consiguiente, en la disminución de los índices de pobreza.

La globalización, la informatización, la explosión de conocimientos, las innovaciones incesantes de la enseñanza virtual, desafían los modelos institucionales. Se puede decir que los mecanismos de creación, organización y transmisión de conocimientos se están transformando.

Se educa hoy para concientizar a la sociedad y con ello contribuir al logro de una sociedad sensible a la realidad existente y actual.

La educación pública tiene un compromiso con el conocimiento científico en la medida en que está sujeta a la crítica epistemológica y a la evaluación institucional. Por lo tanto, no puede quedar a la arbitrariedad o al subjetivismo. Su pertinencia depende de criterios que son discutidos y consensuados en el marco de una comunidad educativa mundial. En este sentido, se puede decir que en la actualidad la gestión del conocimiento para el desarrollo implica articular el Estado, las demandas sociales y la economía con el potencial educativo y científico de cada país.

La reforma curricular y la transformación estructural de la institución

Para quienes forman parte en la toma de decisiones en una institución educativa, resulta complicado tratar de pensar en articular todas las ideas de las personas y formar un solo documento rector de un programa educativo, que conlleve a formar parte de la creación de todos los participantes. Es verdad que en la construcción del curriculum se requiere de esa participación, sin embargo, la realidad demuestra que son pocos los líderes educativos quienes se atreven a realizar mediaciones o talleres para recuperar las propuestas de los participantes y lograr integrarlos al curriculum.

Los directivos deben asumir que el trabajo colegiado, colectivo y colaborativo permite que la formación de los profesionales de licenciatura y posgrado tienen en sus perfiles de egreso, un contrato social y educativo en el sentido de visibilizar los compromisos frente a la sociedad. Por lo tanto las reformas curriculares deben conducirse desde y con la base magisterial por más dificultades que se encuentren en el camino de la transformación.

A las instituciones se les debe ayudar a modificar la concepción que tienen acerca de la forma como se construye el curriculum, en donde sólo unos cuantos expresan sus argumentaciones al margen de la representativiad de la comunidad de la institución o la universidad de que se trate.

Es necesario llevar a cabo espacios de diálogo entre sociedad y actores educativos para revisar la pertinencia de los programas educativos, indagar los criterios fundamentales en el sentido de qué tanto los programas responden con suficiente anticipación, en el marco de las tendencias, en lo científico, profesional y disciplinar.

Los espacios de diálogo se materializan mediante talleres o cursos que busquen sensibilizar a los participantes sobre las problemáticas que existen. Se debe ser cuidadoso al momento de invitar a las personas, ya que es importante que ahí se encuentren representados los sectores que integran la comunidad educativa y sociedad civil. Reconocer los saberes, involucrar a los miembros clave de la comunidad, la inclusión y tolerancia como elementos irrenunciables para la construcción curricular.

Ser conscientes de las actividades que se realicen y aprovechar los espacios para dialogar y proponer son base de la nueva restructuración y aplicación de un curriculum basado en necesidades locales y nacionales.

De esta manera cuando se logra crear un curriculum basado en las propuestas de la colectividad y por ende respondiendo a las necesidades sociales, este será más fácil de aplicar en la institución, porque todos los integrantes habrán de sentirse identificados en los productos parciales y resutados finales, generarán sentido de pertinencia y que sus ideales son hoy quienes guían la formación de los futuros profesionales. Además de ser un ejercicio que permite compartirlo para la ciudadanía, conformado a partir de la comunidad, lo que genera sentido de pertenencia y legitimidad para las acciones subsecuentes.

La investigación-acción en las escuelas representa una oportunidad para la transformación estructural y sobre todo, de las acciones humanas. Se trata, en efecto, de impactar el pensar, hacer y decir de las personas, mediante actos de problematización sobre su propia realidad, pertinentes para iniciar el cambio con las propuestas generadas por la comunidad escolar que desemboque en lineamientos para la implementación de las actividades de intervención que rompa con el estado de cosas que se han mantenido por un tiempo determinado.

La investigación-acción reconoce y recupera los fenómenos expresados en la práctica cotidiana, de las contradicciones, inconsistencias, ausencias y conflictos que vive y siente el profesorado y alumnado, todo ello en el marco de los saberes disciplinares establecidos en el curriculum escolar. No se parte de la teoría como el corpus que explica y prefigura la realidad. La práctica recuperada, se confronta con la teoría y se regresa a la práctica.

Se trata, en la investigación-acción, que el colectivo escolar comprenda y desarrolle un autodiagnóstico y generen diversos campos problemáticos de su propia realidad. La actitud indagadora, que cuestiona de manera radical la realidad permite los primeros argumentos del "por qué se está así". Este proceso rumbo a la comprensión de la principal problemática, ya jerarquizada, delinea algunas posibles respuestas.

La investigación-acción, asumida como método de trabajo por parte de la comunidad involucrada vive acciones de cierre y resignifique lo hallazgos para la comprensión profunda de la situación concreta, lo que propicia en los participantes una doble acción, por una parte, aprendizajes significativos respecto a saber hacer acercamientos, exploraciones de la realidad vivida, y por la otra, la posibilidad de encontrar las interrelaciones entre los problemas identificados, que explican los contextos y la razón de ser de las brechas e inmovilismos sociales.

Schön,[8] D., (1992) indica que, desde el punto de partida de la racionalidad técnica, el conocimiento de los profesionales consistirá en: conocimiento de los principios teóricos que especifican las condiciones causales que

---

8   Schön afirma que la bibliografía académica acerca de las profesiones está dominada por un determinado punto de vista en torno a las relaciones entre la práctica profesional y el conocimiento adecuado. Lo denomina modelo de racionalidad técnica. A partir de este modelo la práctica profesional supone la aplicación de la ciencia y de la tecnología a los problemas prácticos. El modelo presume que los problemas prácticos son técnicos por naturaleza, o sea, problemas que consisten en descubrir los medios más eficientes y eficaces de acceder a estados predefinidos (objetivos). Según este modelo, sólo cuando los problemas se definen en estos términos pueden aplicarse los principios científicos y la tecnología para solucionarlos.

facilitan al máximo la producción de los estados buscados; conocimiento de las técnicas específicas (tecnología) para manejar la situación problemática de manera que se ajuste a las condiciones especificadas en los principios; las destrezas requeridas para aplicar estos principios y técnicas a la situación problemática.

3.3. ¿Qué hacer?: diseño, reestructuración, actualización y reforma curricular

Para iniciar una reforma en cualquier ámbito es importante plantear las bases de las expectativas concretas del proyecto para generar un proceso de movilización de los miembros de las comunidades educativas.

En la Conferencia Mundial sobre la Educación Superior (2009), la nueva dinámica de la educación superior y la investigación para el cambio social y el desarrollo, se asume que la educación superior como objeto de estudio debe fortalecer el sustento teórico y metodológico, redefinir sus finalidades y enfatizar en una de sus prioridades: la responsabilidad social.

La educación superior, en tanto bien público, es responsabilidad de todas las partes interesadas, en particular de los gobiernos. Los valores que debe perseguir la educación superior se ubican para el presente y futuro, para la formación de nueva ciudadanía, de una ética social y el trabajo colegiado para construir el valor de la paz, los derechos humanos, la inclusión, respeto a la diversidad y la tolerancia en un contexto democrático como principio no negociable.

Otro tema de relevancia es el acceso, la equidad y la calidad en el que se subraya ampliar el ingreso a la educación superior; tratar de alcanzar simultáneamente los objetivos de equidad, pertinencia y calidad. La equidad no es únicamente una cuestión de acceso – el objetivo debe ser la participación y conclusión con éxito de los estudios, al tiempo que la garantía del bienestar del alumno. Este empeño debe abarcar el adecuado apoyo económico y educativo para los estudiantes que proceden de comunidades pobres y marginadas.

Los establecimientos de enseñanza superior del mundo entero tienen la responsabilidad social de contribuir a reducir la brecha en materia de desarrollo mediante el aumento de la transferencia de conocimientos a través de las fronteras, en particular hacia los países en desarrollo, y de tratar de encontrar soluciones comunes para fomentar la circulación de competencias y mitigar las repercusiones negativas del éxodo de competencias.

Las redes internacionales de universidades y las iniciativas conjuntas forman parte de esta solución y contribuyen a fortalecer la comprensión mutua y la cultura de paz. Sería deseable que aumentase la cooperación regional en aspectos como la convalidación de estudios y diplomas, la garantía de calidad, la gobernanza, y la investigación e innovación. La educación superior debería reflejar las dimensiones internacional, regional y nacional, tanto en la enseñanza como en la investigación e incorporar como política las culturas de los pueblos originarios.

No se desconoce que cada vez es más difícil mantener un buen equilibrio entre la investigación básica y la aplicada, debido a los altos niveles de inversión y al reto que representa vincular el conocimiento desde una perspectiva integral con los problemas locales. Los sistemas de investigación deberían organizarse de manera más flexible con miras a promover la ciencia y la interdisciplinariedad, al servicio de la sociedad. Se trata de intensificar el uso de los recursos e instrumentos de las bibliotecas electrónicas, con miras a apoyar la enseñanza, el aprendizaje y la investigación (UNESCO, 2009).

Estos valores determinan los fundamentos para contribuir y configurar a la educación superior como una herramienta eje en la transformación del desarrollo económico, cultural y social de un país. Se podrá articular de manera coherente las necesidades de cambio que deben ser incluidas en las universidades públicas, sin perder de vista los aspectos propios del contexto histórico, social y cultural.

Connell, M., (1999) citado en Ander-Egg, E., (2003), ofrece una propuesta interesante para pensar en algunas funciones esenciales que la universidad de hoy debería articular, y que resume en cuatro que considera irrenunciables: 1) *Documentación:* la sociedad necesita contar con una memoria social, un archivo. La investigación universitaria sería el archivo más importante para la reflexión pública. 2) *Reticulación*: es importante que la universidad gestione el saber generado, no sólo en publicaciones académicas sino a través de programas de formación permanente y de la divulgación en diferentes foros y mediante la cooperación entre distintos profesionales. 3) *Innovación*: la universidad constituye la parte más autónoma del sistema educativo, por tanto, se encuentra en una posición privilegiada para innovar sin miedo. 4) *Crítica*: evitar que sólo se oigan las voces de los más poderosos y convertirse en voz crítica es una obligación ética a la que la universidad no puede renunciar.

Por lo anterior, se destaca que la capacidad de una institución para innovar habrá de partir de una base fundamentada en los principios para los que fue creada, a partir de ello y sabiéndose como la transmisora y gestora de conocimiento. La necesidad de cambio es inherente a las demandas imperantes en una sociedad cada vez más globalizada y con redes de comunicación y tecnologías tan avanzadas que no permiten la estática de ninguna tarea académica.

Centrar la mirada en la enseñanza, en los procesos internos, en los espacios de intercambio que se dan en el aula, es fundamental para lograr cambios reales en las propuestas metodológicas y de evaluación que transformen las prácticas educativas. Si se procura realizar este ejercicio, se advertirá que en la formación universitaria prevalecen prácticas educativas obsoletas y tradicionales con pocas incorporaciones para la innovación.

Es importante reconocer las limitaciones y los múltiples determinantes que condicionan el éxito de cualquier innovación. Considerar que existirá resistencia al cambio, que frases como "tengo muchos alumnos", "no se pueden cambiar los contenidos de mi materia", entre otros, aún prevalecen y conforman un dique para el cambio. La aspiración: que desde el grupo o la comunidad surja la inquietud de resolver y de solventar expectativas del mundo local y global.

La inquietud de realizar un cambio o modificación, parte de considerar que existen demandas que resolver, que con el contenido actual no se satisfacen a patir de este precepto, será entonces que se establezca la conciencia de cambio. No habrá el deseo de transformar algo que se considere correcto, suficiente, eficiente e idóneo.

Por otra parte, es importante señalar el uso precisamente de las TIC dentro de la educación y la innovación de la misma, aunque habrá de manejarse con cuidado ya que no se trata de "empaquetar" contenidos y lanzarlos por la web. En algunos casos, tampoco cambia la visión del conocimiento, si bien ya no es el profesor el transmisor de la información ahora es el ordenador quien cumple esa función, pero no cambia la idea de reproducción del conocimiento que trae como consecuencia la pasividad del alumno.

Más que nunca se actualiza el desafío de cómo transformar la información en conocimiento y como transformar el conocimiento en sabiduría.

La racionalidad práctica y crítica ofrece argumentos de peso como opción válida y diferenciada de la lógica técnica e instrumental, que tanto ha marcado las formas de pensar y de hacer la educación, y que aún predomina dada su proximidad conceptual y pragmática con el pensamiento neoliberal y con las condiciones de la globalización y del pensamiento único, prioritariamente de inspiración economicista.

Este es el verdadero desafío de la enseñanza universitaria, como lo plantea Morin, E., 1999 p. 23 según él, "la reforma de la enseñanza debe conducir a la reforma del pensamiento, y la reforma del pensamiento debe conducir a la reforma de la enseñanza". ¿Por dónde empezar? ¿Es posible avanzar en la propuesta de situaciones de enseñanza y de aprendizaje que favorezcan un aprendizaje centrado en los procesos y centrado en el sujeto que aprende? ¿Qué significado y qué alcance tiene esta propuesta?

Las estrategias de formación basadas en grupos de trabajo cooperativo y compartido contribuyen a un aprendizaje relevante y resultan satisfactorias a la hora de alcanzar transformaciones en la práctica cotidiana del profesorado, a la vez que contribuyen a romper con el tradicional aislamiento propio del confinamiento en las parcelas de especialización universitaria.

La tarea de la renovación universitaria es quizás el desafío más agudo con que se enfrentan los pensadores del mundo moderno. (Darcy (1982) citado en Pérez, L. A., 2010).

Burton, R. C. (1991) destacaba el hecho de que muchas universidades estaban adoptando estrategias emprendedoras por sí mismas o en cooperación con empresas y organismos sociales. El impacto de la globalización, de los cambios curriculares y de reformas como las del Acuerdo de Bolonia también ha sido destacado.

Gibbons, M. (1998) señala que la "cientificidad" de la sociedad obliga a los científicos a reflexionar sobre los alcances epistemológicos y sociológicos de sus teorías e innovaciones. Esto quiere decir que los futuros tecnólogos, científicos y profesionales, que forma la universidad precisan de un nuevo espíritu científico para asumir la pertinencia social de sus saberes, o sea, su responsabilidad social. La ciencia sin conciencia (la *in-con-ciencia*) puede ser tan peligrosa como la ignorancia. Los problemas biotecnológicos, ecológicos, sociales y económicos que padecemos han puesto esta situación en evidencia.

Los ideales de la universidad con la que se está de acuerdo y que delinea las posbiles rutas de la transformación, comprenden las siguientes características, en la lógica de Pérez, L. A. (2010):

- Una concepción sobre la universidad fundada en la cultura científica, en la universalidad del saber, en la inclusión como principio rector
- Una formación universitaria que fundamenta sus acciones en el ética y los valores para toda la vida
- La construcción de conciencia histórica y multicultural de la identidad institucional
- Una visión transdisciplinar de la estructura académica y del currículo
- Una política del conocimiento orientada al desarrollo humano y en comunidad
- Una cultura organizacional fundada en las tecnologías de la información como mediación para el aprendizaje de competencias

transversales, con énfasis en el emprendimiento rumbo a la toma de decisiones y para el funcionamiento de todas las actividades
- Una formación universitaria proclive a la generación de trayectorias escolares con diferentes modalidades educativas (presencial, semipresencial, intensiva, a distancia, virtual y en línea)
- Compromiso con la inclusión social de los jóvenes con intenso compromiso en la vinculación con las organizaciones de los sectores público, privado y social con la intensión última de formar ciudadanía
- Currículo flexible, que especifica y determina las capacidades del estudiantado, que se integra desde el paradigma de la complejidad, flexible, con perspectiva internacional y herramientas contextuales para su permanente actualización o reestructuración.
- Una universidad con políticas académicas centradas en concepciones pedagógicas críticas y sustentables y una posición epistemológica en donde el sujeto es una persona que concibe a la realidad desde una posición dinámica, es histórica y en permanente movimiento. El sujeto interviene la realidad para transformarla.
- Profesores emprendedores, con proyecto de educación continua, certificados y que socializan en los diversos foros o espacios académicos, sus logros, problemas y retos en el marco de las funciones sustantivas.
- Una organización académica versátil definida por programas y no por estructuras, con espíritu transdisciplinario y alto grado de informatización
- Política del conocimiento para potenciar los recursos humanos y para ofrecer respuestas adecuadas a los problemas de la sociedad
- Sistema de financiamiento diversificado en fuentes públicas y privadas, en contratos de obras y de servicios, en convenios de cooperación internacional y en producción de patentes, libros o bienes culturales.

En la medida que a partir de los conocimientos se defina el progreso de la humanidad, la universidad debiera adoptar la responsabilidad formadora de profesionales, ético, eficientes y con vocación de servicio.

El realizar y llevar a cabo cada uno de los puntos anteriores, no garantiza el cambio *per se*, no se considera como notas a seguir, es menester que cada participante de la institución, desde su ámbito (estudiantil, laboral, administrativo, académico) se comprometa, con plena consciencia de que cualquier cambio o innovación que se pretenda implementar no será por imposición, sino por convicción.

IV

DISEÑO E IMPLEMENTACIÓN DEL PROYECTO CURRICULAR: IMPACTO EN LOS ACTORES, ESTRUCTURAS ACADÉMICAS, PRÁCTICAS DOCENTES Y DE GESTIÓN

4.1 Proyecto curricular e Intervención

El proyecto curricular es el proceso mediante el cual se toman las decisiones en una institución sobre su oferta educativa, parte del análisis contextual permanente de la instituición, de su misión y visión. Reconceptualiza y dimensiona la normatividad que le da sustento, las contradicciones que se dan en la práctica, se valora el impacto de sus políticas académicas, sus funciones sustantivas y el ciumplimiento de los objetivos de sus programas educativos y logro de las transformaciones en los egresados y formación de ciudadanía.

Los procesos curriculares tienen la intención de mantener la pertinencia de los programas educativos, su calidad y congruencia con las tendencias científicas, profesionales y campos profesionales. Por lo anterior, la participación del profesorado y de toda la comunidad educativa, es fundamental para llegar a estos propósitos.

El logro de estas tareas se deriva en pensar y repensar de manera permanente que los proyectos curriculares se basan en acciones de problematización por parte de los involucrados. Esto es, se trata de plantear preguntas radicales, tarea que se genera desde las academias, con una perspectiva inter y transdisciplinar. Deben desarrollar estrategias para la mejora continua de los diferentes progamas educativos de licenciatura y posgrado.

Este proceso se considera enriquece las experiencia y aprendizajes de los involucrados sobre todo si se lleva a cabo por la comunidad para el desarrollo educativo. Actualmente, el diseño curricular se debe plantear con base a las nuevas necesidades de los individuos, logrando así cambios sustanciales para superar el llamado currículum rígido y dar paso a un nuevo currículum flexible e integral.

Los procesos curriculares son colegiados, colectivos y colaborativos, es decir, en su elaboración participan todos los integrantes de la comunidad educativa. Se rigen bajo la concepción ética de la inclusión, respeto a la diversidad, equidad de género y en el marco de la generosidad intelectual. El vehículo por excelencia es el diálogo, el debate de las ideas, la recuperación, casi fielmente, de lo que se genera en estos parlamentos. En efecto, es el sentido de pertenencia y el respeto mutuo las mediaciones para generar ambientes horizontales y participativos con una metodología dialéctica que reconoce los saberes y las prácticas sociales y educativas de los participantes.

En este orden de ideas se pretende analizar al diseño e implementación del proyecto curricular rumbo al impacto en los actores, en las estructuras académicas y en las prácticas docentes y de gestión. Para tal efecto, se establecen cuatro fases del diseño a saber: 1.- fase previa; 2.- autodiagnóstico de la problemática curricular; 3..- diseño de la estrategia de intervención curricular y, finalmente, 4.- la implementación y seguimiento curricular.

Antes de pasar al desarrollo de las fases anteriores es fundamental considerar que, lo que pretende el proyecto curricular es concretar y partir de las necesidades de la Institución, para así lograr contextualizarlas en procesos claves para el correcto funcionamiento y el desarrollo integral de los alumnos.

La concepción curricular que fundamenta el quehacer metodológico considera las siguientes perspectivas cognoscitivo – conceptuales:

- Repensar las actividades docentes desde la ecopedagogía mediante estrategias didácticas centradas en el estudiante, considerándolo como protagonista activo, a partir de objetivos educativos definidos, respetando las cualidades personales y los estilos de aprendizaje del alumno.
- La promoción del autoaprendizaje y las destrezas cognitivas de los estudiantes, de manera activa y creativa, fomentando el uso de amplios recursos educacionales.
- La formación crítica y reflexiva, basada en problemas relevantes.
- La integralidad, a partir de la promoción de conceptos y destrezas transferibles, el trabajo colaborativo y la práctica basada en las necesidades de la comunidad.
- Incorporación del modelo de competencias profesionales, definidas estas como los conocimientos, habilidades y actitudes necesarias para desempeñar un rol determinado y la capacidad de solucionar problemas en un contexto profesional específico. Las competencias son: conceptuales, metodológicas, técnicas, adaptativas, contextuales, integrativas y éticas actitudinales.
- La articulación de las modalidades educativas relacionadas con sistemas tutoriales y la práctica disciplinaria, con escenarios de aprendizaje relacionados con la obtención de información teórica (bibliotecas, unidades de manejo de información, entrevistas con expertos, conferencias...), escenarios para la obtención de datos empíricos (laboratorios, comunidad, escuelas, hospitales, empresas, etc.) y los escenarios para la integración, análisis y reflexión de la información obtenida en los otros escenarios (el aula, vía trabajo en equipo).
- La incorporación de estrategias de evaluación formativa, en la que se incluyen aspectos relacionados con el dominio de contenidos, el nivel de destreza, la autoevaluación, la evaluación grupal, la evaluación del proceso de aprendizaje mismo y de la función docente.

Los objetivos que orientan las tareas curriculares tratan de impactar en la práctica de los actores. En este sentido cobran relevancia las transformaciones en el pensar, decir y hacer de los actores. Algunos elementos rumbo a lo argumentado son los siguientes retos:

1. Desde la comunidad educativa, caracterizar y justificar las razones de la importancia del currículum y su pertinencia, sobre todo en la argumentación sobre las implicaciones para la mejora de las prácticas institucionales y escolares. Se debe considerar preferentemente: un programa de curso que se pretenda modificar; un proceso de actualización de contenidos; un proceso de reestructuración curricular de un programa educativo o varios programas o; el cambio curricular para modificar la organización escolar; el desarrollo de materiales educativos o; una nueva oferta educativa
2. Reflexionar sobre los resultados obtenidos y establecer recomendaciones generales de pertinencia, oportunidad para la mejora de los aprendizajes. Explicar porqué se llegan a esos resultados y no a otros; en suma, plantear preguntas para la reflexión metacognitiva.
3. Del modelo educativo de la institución se presentan de manera explícita: las concepciones, principios y valores que deben permear en el currículum como proyecto socioeducativo en cualquier programa de licenciatura y posgrado que ofrece cualquier institución educativa, lo que representa el hecho de reconocer las implicaciones para el cambio curricular en las líneas de la transdisciplinariedad y del paradigma de la complejidad.

4.2. Fases para la intervención curricular

La intervención curricular se configura como el momento en el que se han formulado los dispositivos metodológicos, para implementar el cambio curricular desde una perspectiva integral y con el proceso intensamente sociaizado e internalizado, por los miembros de la comunidad educativa.

Las etapas que se presentan deberán observarse con la mirada del investigador, que tiene la intención de transformar la realidad, de modificar el status quo, de mover las prácticas sociales y educativas de los participantes. En suma, de cambiar el pensar, hacer y decir de los involucrados desde la experiencia vivida. No olvidar que en estas acciones se trabajan diferentes posibiidades de desarrollo humano para propiciar valor agregado en los aprendizajes individuales y colectivos. Impacta a la dimensión cognoscitiva en el sentido de logros de carácter conceptual, comprensivos y transdisciplinarios. También a la dimensión afectiva toda vez que se movilizan los sentires de las personas, al poner en juego sus sentimientos y emociones en tanto procesos vivenciales que generan rupturas con lo que pensaba y ahora pienso, lo que decía y ahora digo para, finalmente, lo que hacia y ahora realizo en las nuevas prácticas.

A continuación se presentan las fases de la intervención curricular como acciones integradas y holísticas.

1. **Fase previa.** En esta fase, se llevan a cabo distintas actividades para iniciar el involucramiento de las personas que han decidido participar. Es la génesis del proceso el cual parte desde la comunidad de base, quienes viven los problemas, los actores clave de la comunidad. Con ellos se describen los primeros esbozos de la problematización. Aquí se inicia propiamente la intervención curricular. La intención final es iniciar la creación de comunidad, recuperar sus visiones, sus expectativas frente a las problemáticas y de recuperar datos que permitirían el acercamiento a las evidencias empíricas.

    Esta fase también denominada de inducción al proceso, perfila la consolidación de un grupo representativo del universo que confluyen en la institución, es decir, en el equipo o grupo base deberán identificarse la heteogeneidad de las personas y sus diversas expresiones, roles y perspectivas. La representativida se respeta, es cultural, histórica, ideológica, laboral y académica, no es estadística.

    Así mismo, se realiza el trabajo colegiado con actores clave para sistematizar información básica, este es uno de los puntos decisivos ya que los actores contribuyen de manera importante y tienen gran influencia tanto de forma como de fondo.

    Uno de los aspectos de mayor trascendencia dentro del currículo, lo constituye la centralidad de la participación de los actores sociales Los actores sociales internos son miembros de la comunidad universitaria: docentes, investigadores, extensionistas, alumnos, autoridades, personal administrativo y agremiaciones docentes, no docentes y estudiantiles entre otros. Los actores sociales externos son aquellos que presentan algún tipo de vinculación con la institución educativa, determinada por el impacto que personal o institucionalmente realizan los actores internos en su ámbito: dirigentes políticos, autoridades provinciales y municipales, empresarios y funcionarios públicos entre otros (Zanfrillo, A. I. y González, M. L. C. , 2011).

El conjunto de opiniones vertidas por la diversidad de actores externos evidencia diferentes enfoques relativos a la formación del alumno, ya que dentro de los actores internos, los directivos de la educación superior, tienen gran relevancia dentro de la perspectiva de un currículo abierto y flexible, así como la tarea de planificar y dirigir a los recursos humanos para que se pueda lograr el diseño, la evaluación de proyectos, planes, la formulación de programas y las estrategias de intervención.

De aquí viene lo que es la interpretación colectiva de datos contextualizados, estar al tanto de la situación real de los programas educativos y de la vida académica institucional, es decir, conocer de manera general y específica la institución educativa de manera interna y enfocar el contexto en el cual se encuentra y en el que se diseñará el proyecto curricular. En esta etapa se pueden emplear estudios comparativos con los proyectos curriculares utilizados hasta el momento.

2. **El autodiagnóstico.** Es un proceso de indagación, de búsqueda de información, de los datos de la realidad con la participación de la comunidad educativa de base. Se elabora mediante procedimientos derivados de la problematización de la realidad objeto de transformación. Recupera las historias instituconales, de los actores, sus conflictos, problemáticas, ausencias. Se apoya en técnicas participativas derivadas de la animación sociocultural y de la investigación acción. Un autodiagnóstico participativo, que involucre a todos los actores, para realizar una actividad de investigación de la realidad institucional y con esto poder arribar a las problemáticas educativas relevantes, las cules se jerarquizan, priorizan y describen desde la reflexión individua y colectiva.

¿Qué beneficios encontramos dentro del autodiagnóstico?. Contribuye a una autoreflexión institucional que permite lograr una correspondencia entre los objetivos de nuestra institución y los individuos que estamos formando. Propicia un panorama real sobre las fortalezas y debilidades que rodean el ambiente escolar, su trascendencia y corresponsabilidad con la información que se recupere desde la fase previa.

3. **Diseño de estrategias de intervención.** Es el proceso para la toma de decisiones en el que se establecen las estrategias que se van a utilizar y en el que se fundamentan los criterios donde se justifican dichas decisiones tomadas en el proyecto curricular. Las estrategias son los caminos a seguir y lo que logra que funcionen con éxito y con cierta precisión lo planificado en la intervención.

Una de las tareas clave dentro de esta fase es la jerarquización de prioridades: Dentro de este punto, se podrán esclarecer los objetivos que se persiguen al momento de diseñar el proyecto curricular y, los problemas que se enfrentarán. Es importante que se prioricen y optimicen las diferenes alternativas.

Los puntos a desarrollar para llevar a cabo las estrategias de intervención son:

- Reconceptuaizar la información ya sistematizada obtenida en la fase previa y en el autodiagnósitico.
- Reconocer de manera colectiva los problemas curriculares y definir el problema central a enfrentar. Explicarlo ampliamente desde una concepcíon histórico conceptual.
- Involucrar a todos los miembros dela comunidad y tener claridad de que la razón de una institución educativa son los estudiantes.
- Diseñar las actividades de transformación con énfasis en la modalidad de taller vivencial. Elaborar los dispositivos con los que se recuperará la experiencia. Va desde bitácoras manuales hasta la grabación insitu mediante dispositivos electrónicosl.

- Determinar e internalizar los roles que los involucrados tendrán durante la implementación de las actividades para el cambio curricular.

Vale la pena recordar que los principales retos de la reorganización curricular universitaria, de acuerdo con la UNESCO (1998) se ubican en garantizar el aprendizaje de conocimientos que sean básicos, relevantes y actualizados para la formación, de manera que se garantice el fortalecimiento de lo básico necesario para la construcción del conocimiento especializado y para la incorporación de nuevo conocimiento y de nuevas formas de aplicarlo.

4. **Formulación de las estrategias y rol de los actores.** En este punto, se especifican las tareas y se asignan responsabilidades, se hacen un recuento, un análisis y una sistematización de la práctica curricular. Se enfoca en la integración curricular en el análisis de estrategias con diferentes enfoques y niveles de profundización.

La evaluación y seguimiento curricular serán la clave para el óptimo desarrollo y obtención de resultados del proyecto. Los profesores no trabajan de manera aislada, sino que, en el marco de academias revitalizadas, conformadas por cuerpos académicos de más de una Escuela, Centro o Unidad, en ocasiones de más de una institución, colaboran a fin de proporcionar visiones integrales de la formación profesional. Asimismo, se considera como parte del modelo la articulación de los diversos servicios institucionales, de manera que se apoye al estudiante en los distintos aspectos de su Desarrollo (Rosario, M.V.M., y Marúm, E. E. 2001).

La participación de los actores es muy importante, ya que vinculan a la educación con los problemas del entorno y los intereses de la población. De igual modo, dicha participación acrecienta la eficacia del sistema educativo. Sin la participación de todos los actores involucrados resultaría difícil la concreción del propósito de crear una escuela nueva e innovadora con base a las estrategias trazadas en el punto anterior.

Con la asunción de roles a cada uno de los actores involucrados que influyan dentro de la coordinación, articulación y apoyo, los educadores realizarán una labor relevante para dotar al currículo del carácter flexible y abierto al que se aspira, así como propiciar que todo el equipo multidisciplinario, junto a los estudiantes y sus familias constituyan cada escuela en la expresión de una verdadera comunidad educativa, construida de manera colectiva y al servicio de todos los sectores de la sociedad. (Secretaría de estado, de educación y cultura, 2004).

5. **La sustentabilidad o sostenabilidad en los procesos de cambio curricular.** Este es el punto donde se encuentra el equilibrio existente con los recursos del entorno que buscan satisfacer las necesidades actuales. En efecto, la sustentabilidad como concepto

Las instituciones educativas tienen el potencial para cambiar sus propias comunidades hacia un planeta sustentable. El propósito de las IES radica en formar a los jóvenes para el futuro, personas con capacidades para integrar en su formación una visión en donde los recursos actuales y el equilibrio del desarrollo de las condiciones sociales, económicas y culturales permitan que profesionistas, emprendedores, investigadores, miembros de organismos gubernamentales (OG) y organismos no gubernamentales (ONG), tengan un papel de sujetos transformadores con valores.

Incluir a la sustentabilidad dentro de los procesos del cambio curricular de la educación es un medio para ayudar a los individuos a tomar mejores decisiones personales y dar un consentimiento inteligente al comportamiento colectivo.

El papel actual de las universidades es encontrar el equilibrio entre educación y desarrollo sustentable, entendiendo equilibrio no como un tratamiento igualitario entre economía, ecología y sociedad, sino más bien, como la identificación del punto exacto en que deben ser valorados cada uno de los aspectos anteriores para lograr por fin un verdadero desarrollo sostenible.

Un modelo para el diseño curricular.

Díaz Barriga, A. F. (2010, p.35) sostiene que el currículo es el "resultado del análisis del contexto, del educando y de los recursos, que también implican la definición de fines, de objetivos y especifica los medios y procedimientos para asignar los recursos", hace énfasis en el Diseño Curricular para la ES en la cual las fases a seguir son:

1. Análisis previo
2. Diseño curricular
3. Aplicación curricular
4. Evaluación curricular

A continuación, se explica cada una de las fases según el concepto de Frida Díaz Barriga:

Fases del Diseño curricular

Análisis previo	Se requieren fundamentos teórico-metodológicos. Se realiza la planeación educativa desde sus dimensiones: prospectiva, cultural, política, técnica y social. Se realiza el diagnóstico, el análisis de la naturaleza del problema, el diseño y evaluación de las opciones de acción, se implementa y se realiza la evaluación correspondiente
Diseño curricular	1. Detección de necesidades 2. Análisis de la disciplina para la solución de estas necesidades 3. Justificación de la perspectiva a seguir para satisfacer las necesidades 4. Investigar la ocupación del mercado ocupacional porque el proyecto de creación de una carrera compete a una IES e involucra los principios que la rigen, las habilidades que debe obtener el egresado para la solución de esas necesidades en el ámbito social
Aplicación curricular	De acuerdo con conocimientos, habilidades y actitudes específicos que debe adquirir el profesionista. Las áreas de conocimiento, temas y contenidos se elaboran con base en ellos y se elaboran los programas de estudio de cada curso del plan curricular
Evaluación curricular	La evaluación interna y externa y de acuerdeo a los resultados se realizará un programa de reestructuración curricular basado en los resultados de las evaluaciones anteriores como un programa de mejora

Fuente: Elaboración propia con base en el blog de diseño curricular, Consultado en:http://educaciondmx.blogspot.mx/2010/07/frisa-diaz-barriga.html

Aunque de acuerdo con Elmore, R. (1978, p. 21), el modelo para la implementación de programas sociales se enfoca en que la administración eficaz ocasiona el comportamiento "orientado a fines y maximizador de valores". Algunos de los modelos son fundamentalmente normativos porque se basan en opiniones contundentes sobre las maneras en la que las organizaciones deberían funcionar.

Otros modelos son descriptivos porque intentan captar los atributos esenciales de las organizaciones. Pero refiere que no existe un solo modelo capaz de captar plenamente la complejidad del proceso de implementación y desarrolla los postulados de cuatro modelos de organización.

Las proposiciones generales que muestran todos los modelos son:

1. Principio central del modelo
2. La posición del modelo frente a la distribución del poder en las organizaciones
3. Explica el punto de vista del modelo acerca de la toma de decisiones
4. Esbozo del proceso de implementación dese la perspectiva del modelo

Modelos propuestos por Richard Elmore

Proposiciones:	Modelo de la administración de sistemas	Modelo como proceso burocrático	Modelo del desarrollo organizacional	Modelo la implementación como conflicto y negociación
Principio:	La administración eficaz se origina en el comportamiento orientado a fines y maximizador de valores y en el control jerárquico	Tiene como atributos centrales la autonomía por parte de los trabajadores y las rutinas de operación para mantener y mejorar sus posiciones dentro de la organización.	Busca maximizar el control, la participación y el compromiso individual en todos los niveles	Organizaciones como arenas de conflicto La distribución del poder en las organizaciones El proceso en la toma de decisiones en las organizaciones

Posición frente a la distribución de poder en las organizaciones	La administración distribuye tareas y objetivos, y supervisa su desempeño.	Significa que el poder en las organizaciones tiende a fragmentarse y a dispersarse entre pequeñas unidades.	Es determinado por la calidad de las relaciones interpersonales	Nunca es estable. Los factores que influyen son: Posiciones formales en la jerarquía de una organización Conocimiento especializado, Control de los recursos materiales Capacidad para movilizar el apoyo político del exterior
Punto de vista acerca de la toma de decisiones	Para cada una de las tareas que se desarrollan existen responsabilidades en las decisiones que hay que tomar.	Consiste en controlar la autonomía y modificar la rutina	Depende de la creación de grupos eficaces de trabajo	Se basa en la negociación dentro y entre las unidades organizacionales
Proceso de implementación	El primer paso para la implementación requiere definir los objetivos, parámetros de desempeño congruentes con esos objetivos, supervisar su desempeño y cumplir con los fines para las cuales fue creada la organización.	Consiste en identificar el lugar en el que se concentra la autonomía y en establecer cuál de los repertorios de rutinas requiere modificaciones diseñando rutinas alternativas	Es un proceso de creación de consenso y de adaptación entre quienes elaboran las políticas y los responsables de la misma. El problema radica en generar consenso y compromiso	El éxito sólo puede definirse en relación con los objetivos de una de las partes implicadas en el proceso de negociación, o en relación con la preservación del proceso mismo de negociación

Fuente: Elaboración propia a partir de Elmore, R. (1978). *Modelos organizacionales para el análisis de la implementación de programas sociales.*

En resumen, las fases clásicas para el diseño curricular de acuerdo a varios autores se sintetizan de la siguiente manera: detección de necesidades; formulación de objetivos; selección del contenido; organización del contenido; selección de actividades; organización de actividades y evaluación.

Sánchez, P. R. (2000) dice que al generar conocimientos hay dos principios que se conjugan permanentemente: la imaginación creadora, o la libertad propositiva del investigador

Sugiere una serie de instrucciones y reflexiones sobre la vinculación de la docencia y la investigación, y menciona que "el hecho o estudio es siempre complejo", y que "en los procesos educativos no hay nada simple" (Sánchez, P. R. (2000, p. 12). Las instrucciones que sugiere son:

1. Rescatar las intuiciones originarias
2. Describir la situación problemática
3. Establecer relaciones entre problemas
4. Establecer líneas de problemas

Elmore, R. (1978) señala que cualquier organización puede contar con controles administrativos, rutinas operativas, procesos para fomentar la participación de los encargados de la implementación, pero lo verdaderamente importante es la manera en que afectan el proceso de implementación. Atendiendo a estos cambios y a nuevas demandas sociales se perfilan las nuevas alfabetizaciones donde están incluidos qué saberes debería incorporar hoy la escolaridad básica, la media básica, la media superior y la superior, y precisamente la relación entre los planes de estudio y la sociedad como un conjunto que se ha vuelto inestable, y viene acompañado de varios factores, donde algunos de ellos son:

- La falta de herramientas teóricas necesarias por parte de algunos profesores,
- La multiculturalidad a la que se enfrentan algunos académicos al atender aspectos relacionados con la globalización y la internacionalización, lo que reclama una reconsideración basada en un enfoque más flexible y de pluralidad.

En lo que se refiere a políticas curriculares y prácticas institucionalistas, traducido a la Ley Federal de Educación en 1993 en Argentina se enfocó el currículum como matriz básica de selección y prescripción de contenidos envueltas en culturas pasando por la académica hasta la empírico práctica y en medio de la político- institucional, es decir, se sigue enfrentando a situaciones de tensión y de resistencia al cambio porque "las demandas que hoy se plantean a la organización institucional, la estructura administrativa, la configuración del currículum y de los saberes, y sobre todo las formas en que se vincula con las familias y la sociedad más amplia, hacen que la escuela sea una institución muy diferente a como se imaginaba a fines del siglo XIX y principios del siglo XX." (Dussel, I., 2006, p. 5).

En lo que concierne a las competencias en el currículo universitario y sus implicaciones para diseñar el aprendizaje y para la formación del profesorado se tiene "La insistencia en la necesidad de planificar desde el punto de vista del aprendizaje y de incidir en una perspectiva profesionalizadora se expresa a través de la propuesta de una formación competencial" (Yániz, C. 2008, p. 91), y de acuerdo a las herramientas a las herramientas de capacitación para el desarrollo curricular que maneja la UNESCO para con la Oficina Internacional de educación especifica que cuando se habla de cambio curricular se mencionan normalmente tres aspectos:

- El cambio para la mejora y transformación de la calidad
- Las tendencias internacionales para considerar el rumbo en cuanto a reformas actuales
- El currículum como proceso y producto para desarrollar el propio concepto de currículo

Ya que según la formulación y el diálogo en torno a políticas mediante la consulta y la participación de grupos de interés legítimos, y en la definición de los criterios curriculares nacionales y en lo relativo a la Educación para el Desarrollo Sostenible (EDS) en algunas modalidades de regulación y control en los sistemas educativos donde los nuevos desafíos, provocan una mayor participación por parte de las autoridades, la sociedad civil, los padres de familia y la comunidad en general, mostrando un equilibrio entre las necesidades e intereses locales y los nacionales.

Según el módulo 6 que propone la UNESCO y la Oficina Internacional de Educación, en el apartado que se refiere a la construcción de capacidades para la implementación curricular especifica que mediante la exploración de enfoques se logrará el cambio y como requisito para la reforma para analizar la capacitación técnica de los profesionales involucrados y que permite la revisión de actitudes adecuadas por parte de los docentes involucrados y sobre los procesos de implementación curricular propone una reflexión acerca de los enfoques sobre pruebas piloto, y sobre el último módulo de la evaluación del currículo y de los estudiantes donde propone evaluar el currículo, el alumno y los resultados de aprendizaje en áreas de contenido específicas ubicando las tendencias internacionales y regionales y enfoques de los sistemas de evaluación, menciona también el cuidado al elegir tipos y métodos de evaluación del currículo y de los alumnos. Pero lo verdaderamente importante es en qué medida impacta en los actores involucrados el proceso de implementación del proyecto curricular. Esta deberá ser nuestra línea de trabajo para la investigación curricular.

4.3.- Ejemplo tipo de un programa para la innovación curricular

El presentre ejemplo tipo de un programa de innovación curricular tiene la finalidad de materializar las acciones intencionadas articuladas en una propuesta de investigación curricular. Representa la máxima expresión para propósitos formales e iniciar, en la educación superior, una transformación institucional desde el curriculum. Se genera a partir de más de 20 años de experiencia de los autores de esta obra, por lo que es el resultado de procesos de recuperación y sistematización de la práctica curricular para propósitos formativos en el posgrado.

Se respeta el formato tal como se presenta en el Programa Educativo denominado: Maestría en Gestión y Políticas de la Educación Superior que ofrece el Centro Universitario de Ciencias Económico Administrativas de la Universidad de Guadalajara México.

La estructura del programa parte de una visión constructivista y enfatiza en a interacción entre los sujetos y la acción refexión sobre los procesos y objetos de la transformación curricular de que se trate.

La planeación de las actividades se configura desde un enfoque por competencias en donde se explicitan las dimensiones cognoscitivas, procedimentales y actitudinales. Están planteadas y ponen el acento en las actividades que realizan los involucrados y en las mediaciones para el logro de los productos esperados. Al final, son los productos y los aprendizajes individuales y colectivos, así como las habilidades metodológicas para acciones subsecuentes en el campo de curriculum, la aspiración para el logro de los objetivos planteados.

Universidad de Guadalajara
Centro Universitario de Ciencias Económico Administrativas
Maestría en Gestión y Políticas de la Educación Superior
UNIDAD DE APRENDIZAJE: DISEÑO CURRICULAR

PRESENTACIÓN.

Los participantes en este curso construirán experiencias individuales y colectivas a partir de la edificación de procesos y productos que se generarán a través de las actividades de aprendizaje semestral, mediadas por la investigación e innovación sobre el curriculum. Recupera las aportaciones que en materia de reforma curricular y gestión curricular se han desarrollado en los últimos 20 años. Se trata de que a partir de ese estado del arte, se configuren una serie de principios, lineamientos y propuestas de acción que permitan, una vez conceptualizados los qué, incursionar en los cómos del desarrollo curricular.

En efecto, se trata de acceder a los saberes hacer de los actores institucionales, teniendo como principios orientadores el curriculum como proceso para la transformación de los objetos curriculares, en su intencionalidad para reeducar, repensar e innovar en las prácticas académicas. Se asume que, el curriculum, representa el proyecto socio histórico que determina las condiciones bajo las cuales se organizan las funciones sustantivas, la institución escolar y los modelos académicos a partir de los cuales se determinan, principalmente, las trayectorias escolares, la generación de conocimiento, la difusión universitaria y la vinculación con la sociedad. Se asume lo local, regional y nacional en el marco de los principios de la educación internacional, en donde la multiculturalidad, diversidad y responsabilidad social, son los preceptos derivados de principios y valores sociales reconocidos, para el desarrollo y crecimiento de la condición humana.

OBJETIVOS GENERALES

Al finalizar la experiencia educativa los participantes:

– Expresan sus capacidades (saberes) referidas al diseño, actualización, implementación y evaluación del currículo como proyecto socio-educativo en los diferentes niveles y ámbitos de impacto: institucional, programas educativos y aula, en el marco del paradigma crítico -dialéctico desde una visión internacional y en el contexto del modelo educativo centrado en la construcción de capacidades básicas, específicas y para toda la vida en las y los estudiantes.
– Diseñan propuestas específicas que orienten el desarrollo curricular desde una perspectiva de la acción-reflexión, centrada en los actores y en la lógica de la transformación de las prácticas académicas y de una nueva concepción de la vinculación institucional como la mediación para generar capacidad educativa para una nueva ciudadanía

De acuerdo a los propósitos generales, los participantes:

- Tienen capacidad para diseñar estrategias de intervención para la actualización y reestructuración curricular de Programas Educativas en los diferentes niveles educativos y en el contexto de las diversas modalidades escolares
- Demuestran competencias para problematizar, de manera colegiada y colaborativa, a la institución escolar desde el curriculum como proyecto socioeducativo, así como la habilidad para analizar los principales conceptos y tendencias del curriculum, con énfasis en el modelo por competencias, para fundamentar las propuestas de transformación
- Poseen habilidades para diseñar nuevas estrategias de aprendizaje por competencias en el aula y de sus sistemas de evaluación para verificar los resultados de los procesos de formación
- Muestran dominio para el trabajo colegiado y colaborativo, en el marco de cualquier tipo de proceso curricular con criterios de equidad, inclusión y sustentabilidad

METODOLOGÍA DE TRABAJO

Para el logro de las competencias propuestas, los módulos de este curso se organizan en tres etapas asociadas a saber:

a) **La actividad preliminar** que tiene la intención de recuperar los saberes previos de los participantes o de los aprendizajes logrados en los módulos anteriores, con la intención de reconocer y valorar las experiencias de los participantes y que son el punto de partida para la adquisición de nuevas capacidades;
b) **Las actividades de aprendizaje** las cuales representan situaciones de aprendizaje de carácter individual y colectivo, bajo la modalidad presencial y en ciertos momentos del curso en la modalidad en línea. Son los espacios de aprendizaje para la generación de productos parciales, tienen la intención de que los participantes adquieran las capacidades cognitivas, procedimentales y actitudinales;
c) **La actividad final** la cual constituye el momento de las evidencias en donde se expresan los contenidos y procedimientos llevados a cabo, mediante una estructura y alcances especificados en la misma consigna.

El trabajo presencial se desarrolla en la modalidad de taller -seminario, estrategia colectiva que pretende recuperar los conceptos centrales de los textos analizados, las reflexiones y argumentos que generan cada uno de los participantes y la socialización de los productos individuales. El análisis de casos es un referente para la confrontación de la teoría con la práctica.

EVALUACIÓN DE CURSO

A partir de las evidencias presentadas por cada uno de los participantes del curso, tanto de las actividades preliminares, de aprendizaje y sobre todo las actividades finales de cada módulo, se determinarán e identificarán las capacidades adquiridas por cada uno de los estudiantes. Para tal efecto al finalizar el curso se llevará a cabo un diálogo con el profesor titular para identificar los aprendizajes logrados, la oportunidad, pertinencia y calidad de los procesos y productos de formación que permita arribar a la evaluación definitiva de cada uno de los participantes.

Los criterios de evaluación están establecidos mediante el cumplimiento de los requisitos que se han señalado para cada uno de los módulos que conforman la presente experiencia de aprendizaje.

Actividad Inicial

Describe brevemente tus expectativas del curso a partir de reconocer el nivel de avance en tu proceso de formación como estudiante, o en el ámbito laboral en el que te desenvuelves o en el campo profesional donde consideras desarrollarte, así como de las posibles interrelaciones con tus proyectos sobre innovación curricular, la práctica educativa o de gestión escolar. En la sesión presencial, comparte tus reflexiones y envía tu escrito a la carpeta de dropbox del grupo. A partir de la revisión que hiciste y de las reflexiones de tus compañeros realiza los ajustes correspondientes.

Sobre la elaboración del escrito individual y tus expectativas.

Trata de no limitar tus aportaciones. Este primer escrito reconoce que tienes reflexiones que compartir, sobre todo construir competencias para tu propio proyecto profesional, académico y de cambio lo que te permitirá generar desde tu propio quehacer, capacidad académica.

MÓDULO I.-LA COMPLEJIDAD DE LA EDUCACIÓN: LAS DETERMINANTES SOCIALES Y EDUCATIVAS DE UN MUNDO CAMBIANTE

En este módulo se pretende que los participantes analicen las implicaciones sociales, económicas y educativas de un mundo cambiante para la educación hoy en día, de los retos que se asumen frente a una sociedad dinámica, cada vez más heterogénea y en donde se discuten una diversidad de temas emergentes como los derechos humanos, la diversidad cultural, el derecho a la paz y el desarrollo sustentable. Nuevos paradigmas que explican el desarrollo económico y social han generado nuevas explicaciones para formar individuos para un nuevo contexto y una sociedad del conocimiento que plantea retos a los sistemas educativos.

Parece que el agotamiento del paradigma de la escolarización a ultranza, no representa la única posibilidad para educar a las generaciones que enfrentarán un contexto inédito, con incertidumbres más que certezas, en los diferentes ámbitos del conocimiento y de las ciencias. Se trata de que los estudiantes de este curso muestren capacidad para problematizar la realidad y que analicen a la organización escolar y a la práctica educativa y de gestión, como un quehacer multifactorial y en el marco del paradigma de la complejidad.

Contenidos de Aprendizaje

- ¿Cómo ha cambiado el mundo?
- Las sociedades del conocimiento
- Las preguntas al acto de educar: ¿por qué? y ¿para qué?
- La práctica institucional y educativa como objeto de estudio
- La Institución Escolar como organización compleja
- Problematizar la realidad educativa como principio para iniciar un proceso de cambio institucional

Capacidad Cognoscitiva: El participante tiene capacidad para reconocer las tendencias económicas y sociales y sus implicaciones en la educación hoy y de problematizar la realidad educativa a partir de lo que significa la organización escolar (escuela, universidad...) desde el paradigma de la complejidad.

Capacidad Procedimental: El participante demuestra habilidades para generar preguntas sobre los contenidos de aprendizaje del módulo, caracteriza a la institución escolar con referencia en la que estudia o labora, así como para problematizar la realidad donde se desarrolla a partir del análisis de los textos propuestos

Capacidad Actitudinal: El participante asume actitudes reflexivas, críticas, propositivas y éticas con relación a la socialización de los resultados obtenidos con sus pares y propone nuevas preguntas para la reflexión colectiva y colaborativa.

Actividad Preliminar

A partir de reconocer tus experiencias educativas y tu paso por la organización escolar (como alumno, profesor, coordinador, directivo), dibuja un árbol en donde ubiques las intenciones de la educación en los tiempos actuales, el lugar que ocupa la institución escolar, así como los programas curriculares del nivel educativo en el que participas. Es importante reconocer a la estructura de árbol en función de la importancia de sus partes estructurales y fisiológicas, para que relaciones y ubiques los contenidos de tu reflexión con referencia a dicha estructura. Presenta tu dibujo en un cartel (modalidad presencial) o en una diapositiva en power point, envía tu producto a la carpeta del grupo para que los compañeros revisen, comparen e identifiquen diferencias y semejanzas. Elabora un breve escrito de dos cuartillas con los principales hallazgos que entregarás al profesor o enviarás al portafolio de evidencias para su registro y lectura.

Socializar: Es importante que compartas con tus compañeros tu producción individual o enriquecida como consecuencia de las diversas interacciones en las que has participado. Recuerda que la socialización representa una de las ideas acerca del aprendizaje que genera procesos de mayor conocimiento.

Actividad de aprendizaje No.1

En el buscador de tu preferencia ubica el documento electrónico correspondiente al libro de Calidad en la Gestión Institucional: la Universidad Tecnológica de León.

Revisa el capítulo 1. El punto de partida: otro mundo es posible (17-34pp) (2002) y analiza el texto con base en las siguientes preguntas:

¿Cuáles son los grandes retos y problemas que enfrenta la educación en el contexto actual?, ¿A qué se refieren los textos cuando abordan "las utopías", "el joven light", "los riesgos de la sociedad del conocimiento", "la pérdida de vocaciones científicas, tecnológicas y humanistas", "la educación encierra un tesoro".

Revisa el documento: Conferencia Mundial sobre la Educación Superior. UNESCO. (2009) en la siguiente liga: http://www.unesco.org/education/WCHE2009/comunicado_es.pdf ¿Qué importancia tienen estas lecturas como referentes para la formación de profesionales?

Elabora un escrito en una cuartilla con tus conclusiones y enriquece tu escrito con otras consideraciones que también son motivo de tomar en cuenta y que no están consignadas en el texto analizado. ¿Qué utilidad nos genera esta mirada?

Selecciona a dos compañeros y comparte tu escrito, consérvalo para análisis posteriores.

Actividad de aprendizaje No. 2

En la revista Ciencia y Desarrollo del mes de septiembre de 2007 en el número 211, se presenta el tema: "Sociedad del Conocimiento" en el que se precisan los retos, desafíos y perspectivas para México. Nos interesa que a partir del análisis del artículo de León Olivé y Ricardo Sandoval, (Hacia la sociedad del conocimiento en México) se identifiquen las implicaciones que se derivan hacia la construcción de un modelo de sociedad del conocimiento en el que se tendrían que promover la eliminación de las asimetrías socioeconómicas de la población, incrementar la inversión en educación, ciencia y tecnología, así como reconocer y aprovechar los saberes y técnicas tradicionales en las diversas regiones de México, mismas que se convierten en elementos potenciales para la innovación y el desarrollo. Revisa los nuevos problemas, riesgos y las acciones necesarias para el tránsito a una sociedad del conocimiento.

Así mismo, te solicito que en la misma revista leas el texto: La educación superior: "Cimiento de las sociedades del conocimiento" de Liliana Valladares y otros en el que establecen que para el bienestar colectivo es fundamental la fortaleza de los sistemas de educación superior, como la posibilidad para generar innovaciones y mejora en todos los ámbitos de un país. Nuevamente identifica las ideas centrales y concluye sobre cómo la renovación de la educación en cualquier nivel y en este contexto, debe basarse en la construcción de sociedades del conocimiento fundamentados en la democracia, pluralidad, equidad, justicia social y autonomía de las naciones.

A partir de un proceso de socialización grupal, y con base a la pregunta generadora participa con sus reflexiones y argumentaciones sobre este tema. Es importante que consolides lo que significan las sociedades del conocimiento en el momento actual, lo que se tendría que reorientar en el País para construir con nuestras fortalezas y debilidades un modelo de sociedad, los cambios necesarios en la educación para transitar hacia dicho modelo, sin desconocer que este proceso conlleva valores fundamentales y transformaciones sustanciales en los sistemas educativos y la construcción de nuevas acciones de gestión e innovación.

Pregunta-reflexión: La sociedad del conocimiento, modelo de sociedad y cambios en la educación con profundos valores éticos y sociales. En el marco de la sociedad del conocimiento ¿qué se tendría que reorientar en el País para construir con nuestras fortalezas y debilidades un modelo de sociedad, los cambios necesarios en la educación para transitar hacia una nueva ciudadanía con valores fundamentales y transformaciones sustanciales en los sistemas educativos y la construcción de nuevas acciones de gestión e innovación? Elabora un escrito de una cuartilla que recupere las aportaciones centrales de las lecturas y responde a la pregunta reflexión que se te propone. Envía a la carpeta del grupo en la fecha acordada.

Actividad de aprendizaje No.3

A partir del análisis del texto: Didáctica de la problematización en el campo científico de la educación de Ricardo Sánchez Puente el cual encontrarás en la liga: http://www.redalyc.org/pdf/132/13206108.pdf elabora un mapa de problemas sobre los retos que presentan la universidad públicas. Para ello revisa en el siguiente blog: http://transformaralauniversidad.blogspot.com/ los cinco artículos sobre *La Universidad Pública en su encrucijada*. Rosario, V. (2013-2016)

Advierte contradicciones, ausencias, debilidades, conflictos.

Ubica en un plano los problemas centrales, relacionándolos de acuerdo a las recomendaciones de Sánchez Puente e identifica los vínculos entre los propios problemas, de tal manera que tu producto refleje las relaciones entre los problemas y por supuesto, habrá un problema principal protagónico con el mayor número de relaciones. Los vínculos entre los problemas que identificaste, están relacionados mediante el sentido de las flechas. Vale la pena que las actividades previas realizadas en este módulo sean recuperadas para darle sentido a tu mapa.

La intención de esta actividad se ubica en que reconozcas que para identificar problemas concretos, relevantes y oportunos, se requiere problematizar la realidad, la institución escolar, el contexto y, reconocer los saberes propios e historias de los participantes. Entrega tu producto en la carpeta de dropbox.

Mapa de Problemas

Recuerda que el proceso de problematización del campo educativo es una operación intensa de preguntarle a la realidad de manera radical. Se trata de identificar, relacionar y advertir las diversas problemáticas relacionadas entre sí, ya sea de causa-efecto, de relación jerárquica, de dependencia, entre otros.

Problematizar representa la oportunidad para tomar distancia de lo aparente y de avanzar argumentando el porqué de las cosas, sus expresiones, contradicciones, conflictos, ausencias...

Compara la lógica de construcción de cada mapa, advierte las relaciones, jerarquizaciones y subordinaciones entre problemas. Identifica la frecuencia de algún problema a partir del sentido de las flechas, así como el problema sobre el cual recaen el mayor número de relaciones de ida y vuelta.

Actividad Final

De acuerdo a la experiencia en este primer módulo y mediante el análisis de la lectura: "La metamorfosis de la educación" de Augusto Pérez Lindo (2010), responde de manera individual a las siguientes preguntas:

¿Qué implicaciones tienen los cambios que se viven actualmente en la universidad? ¿En qué consiste la complejidad del fenómeno educativo? ¿En dónde ubicas, de manera preliminar, el campo del currículo? Con estos elementos: Intentemos una problematización de un programa educativo de una universidad pública.

Elabora un escrito académico de cuatro cuartillas, con tus conclusiones. La fecha de envío a la carpeta de dropbox se estable con el colectivo

MÓDULO II.- EL CAMPO DEL CURRICULUM: LA TRANSICIÓN HACIA EL CURRICULO COMO PROCESO Y CAMBIO

En este módulo se pretende que los participantes inicien el estudio amplio sobre los enfoques y tendencias del currículo, como proyecto socioeducativo, en donde la intención fundamental se ubica en reconocer las diferentes concepciones, que se tienen como los contenidos de la enseñanza; como plan de instrucción; como un sistema tecnológico; como conjunto de experiencias; como reconstrucción del conocimiento y configurador de la práctica; como generador del cambio institucional. Asimismo, se accede en su comprensión, como tema emergente, al currículo por competencias.

Contenidos de Aprendizaje

- Hacia una conceptualización: enfoques y tendencias del currículo
- El currículo como pensamiento crítico
- El currículo como generador de capacidades básicas, específicas y para toda la vida
- El perfil del egresado y la malla curricular como contrato y significado social
- La flexibilidad curricular, las modalidades educativas y las trayectorias escolares
- Diseño de estrategias de aprendizaje para el aprendizaje autónomo y mediacional

Capacidad Cognoscitiva: Los participantes muestran capacidad para caracterizar los diferentes enfoques y tendencias del curriculum en el contexto del paradigma de la complejidad y desde una posición histórico-social para el fortalecimiento y cambio en la escuela.

Capacidad Procedimental: Los participantes demuestran habilidades para diferenciar otras posibilidades de diseñar el currículo con un sentido colaborativo y colegiado. Expresa de manera crítica su posición sobre el currículo por competencias, desde los espacios educativos de tu interés en el marco del reconocimiento de las diferentes modalidades de formación.

Capacidad Actitudinal: Los participantes expresan y responden desde tus aprendizajes construidos, la concepción curricular de tu interés, el ámbito posible de intervención y las posibilidades de éxito, desarrollado mediante diversos formatos de interacción con sus compañeros.

Actividad Preliminar

Con base en los resultados obtenidos en el módulo I, intenta una redacción sobre tu propia concepción de currículo y realiza un esfuerzo por identificar en tu producción escrita algún enfoque o tendencia, lo cual describe libremente, sin consultar texto alguno. Guarda tu escrito para confrontarlo más adelante con el análisis de textos. Socializa tu escrito en la sesión presencial.

Actividad de Aprendizaje No. 1

Análisis de textos:

Revisa el texto de Ángel Díaz Barriga (2003) Curriculum, Tensiones Conceptuales y prácticas, identifique las vertientes en el campo del currículo y su vinculación con la vida cotidiana, práctica educativa y realidad curricular. Elabore un mapa conceptual que dé cuenta de sus hallazgos y socializa con sus compañeros los resultados de su actividad. Asimismo, revise el apartado: un acercamiento conceptual al currículo en el libro Internacionalización de la Universidad, cambio institucional y práctica docente de Víctor Rosario y Elia Marúm (2004) y en una sesión e estudio orientado, o mediante un foro de discusión, comprenda la lógica metodológica y de significación de los contenidos analizados. De la misma manera José Gimeno Sacristán en su capítulo VI El currículo:

¿Los contenidos de la enseñanza o un análisis de la práctica? en el libro: Comprender y transformar la enseñanza de J. Gimeno Sacristán y A. I. Pérez Gómez (1999), establecer los diversos conceptos o acepciones de currículo, sus vertientes y su comprensión como proceso, por lo que a partir de identificar las ideas centrales amplié su horizonte de conocimiento fundamentalmente a partir del sujeto que aprende.

Vuelva nuevamente al libro: Internacionalización de la Universidad, cambio institucional y práctica docente y lea el apartado: Conceptualización de cambio institucional. Debate con tus compañeros la pregunta – reflexión ¿Por qué los procesos curriculares derivan en un cambio institucional? Anote sus conclusiones y envía tu reflexión a la carpeta de dropbox en la fecha acordada.

Mapas Conceptuales

En el texto de Díaz Barriga ¿cuáles son los conceptos centrales que me permiten identificar los diversos significados del currículo en la realidad educativa?

Pregunta – reflexión: Los verdaderos cambios en las instituciones educativas se generan desde el currículo, lo que implica, entender al desarrollo curricular como una acción deliberada y de intervención en donde los sujetos se mueven en función de las intenciones que se persiguen. En este sentido, ¿qué potencialidades adviertes en los procesos de desarrollo curricular para el cambio institucional?. Socializar reflexiones en sesión presencial.

Actividad de Aprendizaje No. 2

Revisa los textos: Diez tesis sobre la aparente utilidad de las competencias en educación de José Gimeno Sacristán (2008) y Principios del pensamiento complejo a tener en cuenta en el diseño curricular (2009) de Juan Antonio García Fraile, Sergio Tobón y Nelly López Rodríguez en los que los autores plantean las implicaciones de las competencias en el contexto actual, sus retos y requerimientos a partir de las tesis que le reconocen su viabilidad y pertinencia para la formación. De la misma manera, identifica el concepto de competencias, que hoy en día, se liga invariablemente a los sujetos y a la búsqueda de la calidad de la educación y la renovación permanente. Además de comprender la concepción del modelo por competencias, revisa con tus compañeros su factibilidad en el ámbito institucional de tu interés o donde laboras actualmente.

Elabora en cuartilla y media algunas conclusiones preliminares y envía a la carpeta en la fecha acordada.

También elabora un inventario de ideas clave y selecciona a tres compañeros para que mediante correo electrónico o de manera presencial les compartas las razones y argumentos del porqué de su selección de dichas ideas. Con el propósito de fortalecer tu conceptualización sobre el modelo curricular por competencias, revisa como actividad complementaria y libre los siguientes libros:

Discusión Curricular y Nuevas Generaciones de José Luis Córica y Patricia Dinerstein (2009) y Competencias y educación. Miradas Múltiples de Relación de Adla Jaik Dipp y Arturo Carraza Macías (2011).

Actividad de Aprendizaje No. 3

Elabora una presentación en power point con tus resultados para socializar con tus compañeros de trabajo o de grupo. Responde la pregunta: ¿qué implicaciones socioeducativas tiene el curriculum por competencias y a qué modelo educativo se le reconoce?

Envíe a la carpeta del grupo para que cada estudiante analice las aportaciones de sus pares para que el colectivo enriquezca sus reflexiones a partir de los planteamientos expresados en los ppt seleccionados.

Para considerar: Una vez que enviaste a la carpeta del grupo tu presentación en ppt, revisa las aportaciones de tus compañeros, identifica las diferentes miradas, los conceptos en los que se hace hincapié y enriquece tu propia elaboración.

Ponte en contacto y dialoga con aquellos autores que más te aportaron al respecto.

Actividad Final

Elabora un ensayo titulado: El curriculum como proyecto socio – histórico: realidades, desafíos y oportunidades para las IES. Sube el producto a tu carpeta en los tiempos acordados en formato pdf para su revisión por parte de los integrantes del grupo.

Recuerda que el ensayo es un documento elaborado a partir de una serie de lecturas y experiencias vividas hasta este momento del desarrollo del curso. Tiene como característica fundamental las aportaciones personales del autor, con apoyo de los conceptos básicos estudiados. Representa la oportunidad de demostrar el dominio de un tema o problema con una argumentación a partir de las reflexiones personales del estudiante. Se trata de ir más allá de las ideas estudiadas y ubicar el discurso escrito desde una perspectiva crítica y propositiva. Cuida la calidad de tu escrito y en su realización considera el estilo APA (6ª. Edición)

MÓDULO III.- PRINCIPIOS METODOLÓGICOS PARA EL CAMBIO CURRICULAR

Este módulo representa el espacio en el que los participantes mostrarán capacidades para diseñar las estrategias específicas para el cambio curricular en sus diferentes ámbitos y dimensiones. Se trata de acciones intencionadas de carácter metodológico desde y a partir de los actores institucionales, centrada en la acción y en donde se identifique al proceso curricular como la posibilidad para la generación de una nueva cultura académica, lo que implicará nuevas formas de entender la vida en la institución escolar, como acto permanente y deliberado para la reeducación.

Contenidos de Aprendizaje

- Epistemología de la investigación – acción: construcción del método
- La animación socio -cultural: mediaciones y talleres vivenciales

- Los ámbitos de la transformación curricular: el acto de educar, el colectivo de profesores, la reforma curricular, la transformación estructural de la institución ¿Qué hacer?
- Tomar decisiones para el diseño, reestructuración, actualización y reforma curricular

Capacidad Cognoscitiva: Los participantes demuestran con el colectivo escolar el manejo de los significados de los principales conceptos de la metodología de la acción para el cambio curricular: comprende los alcances de la investigación – acción, los elementos que caracterizan la animación sociocultural y los diferentes conceptos de lo que significan los diferentes ámbitos de la transformación curricular desde los actores que intervienen en esta tarea.

Capacidad Procedimental: Los participantes muestran habilidades para intervenir la realidad institucional para el diseño y cambio curricular mediante la formalización de estrategias con un sentido colegiado y colaborativo, centrado en la construcción de nuevos escenarios para la mejora y calidad de los servicios educativos institucionales y en el marco del modelo educativo por competencias

Capacidad Actitudinal: Los participantes se involucran de manera deliberada como sujetos y objetos de transformación en los dispositivos metodológicos que diseñen y formulen para el cambio curricular. La actitud observada evidencia capacidad de liderazgo de comunidades, conocimiento del entorno y la habilidad para configurar escenarios de mejora continua.

Actividad Preliminar

Describe brevemente una experiencia educativa que hayas vivido y que más se acerque a un proceso horizontal y participativo, incluyente, en donde el colectivo construyó el proyecto y el conductor asumió el rol de propiciador de experiencias académicas y de aprendizaje. Describe brevemente tu experiencia. En el caso de no haber tenido una experiencia con estas características explica los impedimentos que se viven al respecto en el interior de las instituciones educativas. Envía a la carpeta del grupo tus aportaciones con el propósito de que las confrontes con tus propias experiencias.

Actividad de Aprendizaje No. 1

En el libro Repensando la Investigación – Acción Participativa de Ezequiel Ander-Egg (2003), específicamente en el capítulo 4. "Fases e instrumentación del proceso de la investigación acción participativa",

Trata de encontrar la intencionalidad que se advierte en los contenidos con respecto a la necesidad de transformar la realidad comunitaria, educativa e institucional. Precisa tus hallazgos, mismos que socializarás con tus compañeros mediante una lluvia de ideas en la modalidad presencial o en su caso en un foro de discusión y confróntalos en el ámbito educativo donde laboras o estudias con la siguiente pregunta: ¿Qué factores impedirían o favorecerían la posible implantación de estas tareas en el ámbito de tu propia realidad? Recupera las aportaciones de los compañeros e identifica las oportunidades que se abren con este tipo de acciones.

Sube tus conclusiones en la fecha acordada

A partir de las lecturas realizadas y de la identificación de las principales aportaciones de los textos analizados, se abre el debate con la pregunta: ¿Cuáles son los factores que obstaculizarían o favorecerían la implementación de los procesos de cambio en el ámbito de tu propia realidad?

Actividad de Aprendizaje No. 2

Hasta este momento se ha podido identificar la posición y concepción sobre el fenómeno de lo educativo y curricular, sobre todo a partir de la noción de realidad y rol de los actores. En efecto, se ha optado por el paradigma crítico-dialéctico, de carácter cualitativo como la posibilidad de dar explicaciones, respuestas y transformaciones con y desde los propios sujetos. En el libro: El Método para Transformar la Práctica Docente de Víctor Rosario (2000) lee el texto: El debate sobre lo metodológico y señala los presupuestos fundamentales a considerar para delinear un proceso de innovación. Asimismo, en el libro encontrarás el texto: Los procesos y productos durante la transformación de la práctica, analiza el apartado: Elementos metodológicos para intervenir y transformar la práctica docente (curricular).

Elabora cinco reflexiones que consideres son trascendentes y que se deben considerar en una aventura en torno a la transformación curricular.

Finalmente revisa los indicadores que te propondrá el profesor y que orientan la elaboración de innovaciones sobre la práctica docente y curricular con el método de la investigación acción-participativa. Considera estos aspectos como los mínimos indispensables en un proceso colegiado, colaborativo, incluyente, solidario y reeducativo.

Para la reflexión: Una de las tareas que tenemos que asumir es la fundamentación de las propuestas que se construyen para el cambio. Esta es la intención que se persigue con la elaboración de tus reflexiones. Revisa los textos y genera tus aportaciones. Socializa y enriquece tus propias elaboraciones a partir de revisar las contribuciones de tus compañeros.

Actividad Final

Selecciona un ámbito posible de transformación curricular que quieras, puedas y tengas posibilidades reales para iniciar la construcción de un proyecto de transformación o del aseguramiento de la calidad educativa, como puede ser un programa social con personas de escasos recursos o una problemática específica a nivel de aula, la academia, el colegio de profesores, el consejo de directivos, el programa educativo, la facultad, el departamento, la división, la universidad.

Esquematiza tu posible ruta para la intervención. Trata de clarificar y responder las razones del camino que propones para el diseño de la transformación. Precisa el contenido de la misma. No te olvides de delinear algunas posibles etapas (autodiagnóstico curricular, entre otras). En una sesión presencial en la que el profesor te indicará los criterios, inicia el debate con tus compañeros y socializa tus propuestas. Envía tu esquema a tu carpeta en la fecha acordada. No olvides elaborar una breve explicación de cada uno de los elementos que conforman tu esquema.

Para la reflexión: Con la elaboración del esquema y desarrollo de los apartados que integra tu propuesta para la innovación curricular, prácticamente estas iniciando el proceso para la intervención lo que implica generar una propuesta para mejorar las condiciones de la institución escolar. Asimismo, se comprende que mediante los diseños curriculares de corte alternativo, los actores juegan un papel protagónico, puesto que implica actos de reeducación de cambios de actitud. En este sentido, las propuestas se centran en las actuaciones de los actores para generar capacidad académica y mejora continua.

MÓDULO IV.- DISEÑO E IMPLEMENTACIÓN DEL PROYECTO CURRICULAR: IMPACTO EN LOS ACTORES, ESTRUCTURAS ACADÉMICAS Y PRÁCTICAS DOCENTES

Este módulo recupera las capacidades que los participantes han construido hasta este momento de su proceso de formación, por lo que la intencionalidad de esta última fase es de carácter integradora y de formalización de una propuesta de cambio curricular en cualquiera de sus dimensiones, ámbitos, niveles y modalidades educativas. La competencia fundamental que se pretende lograr en los estudiantes se refiere a la toma de decisiones con fundamentos teóricos y metodológicos, respecto al diseño de estrategias para la transformación curricular con un sentido eminentemente participativo, de responsabilidad social y en el marco de una actuación ética y sustentable.

Contenidos de Aprendizaje

Las fases para la intervención curricular:

- **Fase previa.** Recuperación de datos, trabajo colegiado con actores clave para sistematizar información básica. Interpretación colectiva de datos contextualizados, situación real de los programas educativos y de la vida académica institucional.
- **El Autodiagnóstico**: Construcción e identificación de la Problemática Curricular;

- **La Fundamentación:** ¿Cómo vincular la teoría con la práctica?; El objeto de estudio y los principios teórico metodológicos del curriculum
- **Diseño de Estrategias de Intervención.** Formulación de las estrategias y rol de los actores; Recuperación, análisis y sistematización de la práctica curricular.
- **La evaluación y seguimiento curricular.** La sustentabilidad en los procesos de cambio curricular

Capacidad Cognoscitiva. Los participantes diseñan un proyecto curricular con los elementos e indicadores estudiados en el curso, a partir de la selección de un ámbito específico de intervención, con un enfoque participativo e impacto en la concienciación de los actores, como en el posible fortalecimiento o reestructuración de las estructuras académicas, considerando para tal efecto, los criterios para su implementación y recuperación de la experiencia.

Capacidad Procedimental. Los participantes demuestran capacidad para el trabajo participativo a través del establecimiento de roles activos de los actores institucionales en el planteamiento metodológico de su propuesta de transformación curricular, y en donde la interacción y socialización en la construcción e implementación del proyecto, sean algunos de los ejes estructurales para la investigación, innovación y transformación curricular.

Capacidad Actitudinal. Los participantes reconocen y evidencian con sus procesos y productos durante el diseño y posible implementación del mismo, la concepción epistemológica, técnica – operativa de la investigación – acción, de los beneficios de la transformación curricular con un sentido solidario y participativo en la resolución de problemas con un sentido de cambio, del valor de la acción intencionada, del intercambio de ideas y de la reflexión como tarea prioritaria posterior a las acciones de intervención.

Actividad Preliminar

Los participantes forman equipos de no más de tres integrantes y determinarán un espacio institucional, (que tu previamente ya has visualizado y posiblemente seleccionado) susceptible de intervenir con un proyecto curricular de corto plazo.

Caracteriza y justifica las razones de su importancia y pertinencia, sobre todo en la argumentación sobre las implicaciones para la mejora de las prácticas institucionales y escolares. De preferencia considera un programa de curso que pretendas modificar, un proceso de actualización de contenidos o en su caso un proceso de reestructuración curricular de un programa educativo o varios programas, o también el cambio curricular para modificar la organización escolar.

Asimismo, el desarrollo de materiales educativos o nueva oferta educativa.

Socializar en sesión presencial mediante la interacción subgrupo-subgrupo y subgrupo-grupo tus resultados.

Actividad de Aprendizaje No. 1

Revisa los siguientes textos y ubica los conceptos centrales en función de las necesidades del proyecto curricular que diseñarás con tu equipo o con tu colectivo. "Competencias y curriculum" del libro: Educación basada en Competencias (2006) de Yolanda Argudín. "Seminarios y talleres" del libro: Metodologías de Enseñanza y Aprendizaje para el Desarrollo de Competencias de Mario de Miguel Díaz (Coord.)(2009). "La Evaluación de las Competencias": El Método Matricial Complejo" del libro: Currículo, didáctica y evaluación por competencias (2009) de J. A. García Fraile, S. Tobón, Tobón y N. M. López Rodríguez. Ubique sus conceptos en función de las siguientes preguntas:

¿Cómo transitar en la escuela actual al curriculum por competencias?

¿Cuáles son los cambios que adviertes, las diferencias para trabajar bajo el modelo por competencias?

¿Señala los nuevos roles de profesores y estudiantes, así como algunas dinámicas y estrategias para el aprendizaje?

¿Qué cambia en la evaluación de los aprendizajes?

Elabora un escrito con tu equipo con los resultados derivados de la revisión de los textos y de las preguntas planteadas.

Actividad de Aprendizaje No. 2

Para fortalecer y fundamentar a los actores como entes prioritarios en un modelo educativo, así como advertir que la organización institucional y la concepción curricular tienen como intención la transformación permanente de los sujetos en formación, mediante el buscador de tu preferencia ubica el texto: "Los principios en torno a la Multiversidad" en el documento: Modelo Educativo. "Una aproximación axiológica de transdiciplina y pensamiento complejo de la Multiversidad Mundo Real Edgar Morín", (2006). Asimismo revisa el texto: La transdisciplinariedad. Manifiesto. Basarab Nicolescu

Redacta y socializa cinco conclusiones preliminares que obtienes de esta lectura y responda: ¿Qué relación identificas entre los conceptos centrales derivados de las lecturas anteriores con la propuesta de Morín? Envía a tu carpeta de tus resultados.

A partir de los conceptos centrales identificados en los textos, explica de manera breve los posibles cambios para la educación actual?

Actividad de Aprendizaje No. 3

A partir del reconocimiento de los indicadores para investigar la práctica curricular, estudiados en la unidad anterior, el profesor, en sesión presencial, precisará sus contenidos a partir de una exposición magisterial con apoyo de experiencias curriculares reales. Cada participante de cada grupo, identificará y dará cuenta de los alcances de cada uno de ellos ubicados en los apartados correspondientes:

I. Descripción y auto diagnóstico de la problemática curricular;
II. Fundamentación del problema elegido: ¿cómo vincular la teoría con la práctica?;
III. Formulación del problema y propuesta de solución (estrategias y rol de los actores);
IV. Proceso para la Evaluación del cambio curricular (instrumentos y evidencias, resultados).

Cada equipo de trabajo formalizará en un documento (en formato pdf) (portada, índice, prestación, desarrollo de cada apartado del proyecto y descripción final del proceso vivido en el curso) su propuesta final de curso, misma que socializará en el correo del grupo una vez que el profesor emitió su valoración preliminar.

La aportación se ubica en reconocer que en el modelo educativo de una institución están presentes, de manera explícita, las concepciones, principios y valores que deben permear el curriculum como proyecto socioeducativo en cualquier programa de licenciatura y posgrado que ofrece la institución.

Esto representa el hecho de reconocer las implicaciones para el cambio curricular de la transdisciplinariedad y del paradigma de la complejidad.

Actividad final

Una vez que revisaste los productos de tus compañeros y te has enriquecido con sus aportaciones, lleva a cabo las modificaciones pertinentes y entrega tu producto de curso impreso y envíalo en formato Word a la carpeta del grupo, en los términos establecidos por el profesor del curso.

Con el producto final valorado y reestructurado en su caso, cada equipo presentará a sus compañeros el proyecto y explicará los contenidos y la estructura y alcance de cada uno de ellos. El grupo reflexionará sobre los resultados obtenidos y se establecerán recomendaciones generales en pertinencia, oportunidad y retos.

Presentación de proyectos al grupo en sesión presencial y se llevará a cabo el proceso de coevaluación con apoyo de la rúbrica que se encuentra en los materiales del curso.

REFERENCIAS BÁSICAS DEL CURSO

Ander-Egg Ezequeil. (2003). "Fases e instrumentación del proceso de la investigación acción participativa" en: http://www.terras.edu.ar/aula/cursos/10/biblio/10ANDER-EGG-Ezequiel-Lainvestigacion-propiamente-dicha.pdf

Argudín, Yolanda (2006) "Competencias y curriculum" en libro: Educación basada en Competencias. Edit. Trillas. México.

Córica José Luis y Dinerstein Patricia (2009). Discusión Curricular y Nuevas Generaciones en: http://www.editorialeva.net/dcyng.html

CREFAL. Una propuesta metodológica para la educación de jóvenes y adultos en: http://www.crefal.edu.mx/biblioteca_digital/temas_ especializados_epja/martha_liliana_lovanovich/Adultos_31.pdf

Díaz Barriga, Á. (2003). Currículum. Tensiones conceptuales y prácticas. Revista Electrónica de Investigación Educativa, 5 (2) en: http://biblioteca.clacso.edu.ar//Argentina/lpp/20100324015129/3.pdf

Díaz, Mario Miguel. (2009) "Seminarios y talleres" del libro: Metodologías de Enseñanza y Aprendizaje para el Desarrollo de Competencias en: http://www.enlinea.ugfca.net/enlinea/pluginfile.php/20285/mod_resource/content/1/ LIBRO%20MARIO%20DE%20MIGUEL.pdf

Morín, Edgar. (2006) "Los principios en torno a la Multiversidad" en: Modelo Educativo. "Una aproximación axiológica de transdiciplina y pensamiento complejo de la Multiversidad Mundo Real sitio: http://www.cea.ucr.ac.cr/CTC2010/attachments/004_modelo-educativo.pdf

Olivé León y Sandoval Ricardo (2007). Sociedad del Conocimiento. Revista Ciencia y Desarrollo. Septiembre Número 211. Conacyt. México.

Pérez Lindo Augusto. (2009) "La metamorfosis de la educación" Buenos Aires en: http://www.augustoperezlindo.com.ar/docs/educacion/para%20que%20educamos%20hoy.pdf

Rosario M. Víctor y Marúm E, Espinosa (2004) Internacionalización de la Universidad, cambio institucional y práctica docente. Universidad de Guadalajara

Rosario M. Víctor M. (2000) El Método para Transformar la Práctica Docente. Universidad de Guadalajara

Sánchez Puentes Ricardo. Didáctica de la problematización en el campo científico de la educación de el cual encontrarás en la liga: http://redalyc.uaemex.mx/src/inicio/ArtPdfRed.jsp?iCve=13206108

Sacristán José Gimeno y Pérez G. Ángel. (1999) Comprender y transformar la enseñanza. Cap. IV. El curriculum: ¿Los contenidos de la enseñanza o un análisis de la práctica? Ediciones Morata, Madrid.

Tobón, T. Sergio y Jaik Dipp Adla (2012). Experiencias de aplicación de las competencias en la educación y el mundo organizacional. Instituto CIFE, ReDIE -...CIIDIR-..IPN, Unidad Durango -..IUNAES en: http://www.redie.org/librosyrevistas/libros/aplicacion_competencias.pdf

Universidad Tecnológica de León. Calidad en la Gestión Institucional. Capítulo 1. El punto de partida: otro mundo es posible (17-34 pp) (2002) en: www.ugto.mx/.../pdf/CALIDADENGTO280209-%20bulmaro[1].pdf

UNESCO. (2009) Conferencia Mundial sobre la Educación Superior en la siguiente liga: http://www.unesco.org/education/WCHE2009/comunicado_es.pdf

Valladares, Liliana, (2007) "Cimiento de las sociedades del conocimiento". Revista Ciencia y Desarrollo. Septiembre Número 211. Conacyt. México.

4.4.- Indicadores que deberán contener las investigaciones en el ámbito del desarrollo curricular

Los indicadores son observables, resultado de la operacionalización de las principales categorías derivadas del proceso de innovación e intervención curricular. En este caso son las aspiraciones conceptuales y metodológicos que deberán orientar las tareas de las diferentes etapas o fases de un proceso. En el caso de la propuesta que se ha desagregado a lo largo de la presente obra, le llamamos los territorios delimitados por donde transitan los actores participantes, en donde lo más demandado es que éstos se involucren, debatan las ideas, dialoguen, propongan, problematicen, de manera permanente y, propongan sus posibles rutas para la solución de las problemáticas. Una característica del rol que juegan los actores es, sin duda, la vocación para construir valores tales como la inclusión, el respeto mutuo, mesura, aceptar y actuar en consecuencia con la diversidad, generosidad con las aportaciones verbalizadas o escritas por todo el colectivo.

Estas etapas, se viven, gozan y sufren en una dimensión tanto en el conocimiento generado, como en las intensas interacciones que propician afectividad. Es la expresión siginificativa de un desarrollo individual y colectivo. Todo ello da como resultado, grupos y personas comprometidas para continuar en la mejora de la comunidad escolar.

Finalmente, los indicadores son la ruta de navegación para advertir los alcances de las transformaciones curriculares esperadas.

INDICADORES DE CARÁCTER CONCEPTUAL QUE DEBERÁN CONSIDERARSE PARA ELABORAR INVESTIGACIONES CURRICULARES

INTRODUCCIÓN

- Se establece la importancia de la propuesta de diseño curricular en función de los beneficios y cambios curriculares que se esperan
- Se explica de manera general los alcances de la propuesta especificando el objeto curricular, los sujetos involucrados y el ámbito curricular que se afecta.
- Describe de manera general los contenidos del documento que se presenta

I.DESCRIPCIÓN Y AUTODIAGNÓSTICO DE LA PROBLEMÁTICA CURRICULAR

- Se explican las formas de organización del equipo curricular
- Se establecen las características del ámbito y de la población involucrada en el proceso curricular
- Se plantean las acciones tendientes para obtener la información sobre la problemática curricular
- Se involucra a los actores del proceso para la socialización y obtención de la información sobre la problemática curricular

- Se precisan los hallazgos del autodiagnóstico que permite llegar a establecer la relación entre problemas e identificar el problema central.

II.- FUNDAMENTACIÓN DEL PROBLEMA: VINCULAR LA TEORÍA CON LA PRÁCTICA CURRICULAR

- Se presenta el marco de referencia personal sobre la problemática que se aborda en el sentido de lo que significa su posible solución
- Se especifican los conceptos teóricos que fundamentan la problemática curricular.
- Hay congruencia entre los conceptos teóricos seleccionados y la problemática tratada.
- Se vinculan los conceptos teóricos seleccionados con la problemática curricular vista desde la propia práctica
- Con la teoría seleccionada se establecen los lineamientos del cambio y transformación de las prácticas académicas de los actores involucrados.

III.- DISEÑO DE LA PROPUESTA DE INTERVENCIÓN CURRICULAR

- Se establecen tanto la justificación como los objetivos del cambio curricular
- Las acciones propuestas para la solución del problema, plantea una fase previa de sensibilización
- Se establecen los roles de los actores involucrados en la solución del problema
- Se especifican los posibles obstáculos y las facilidades existentes para llevar a cabo el cambio curricular
- Se diseñan las actividades para la transformación curricular desde una lógica colegiada, colaborativa, colectiva e incluyente.
- Se establecen los mecanismos e instrumentos para la recuperación de las experiencias vividas

IV. PROCESO PARA LA EVALUACIÓN Y SEGUIMIENTO DEL CAMBIO CURRICULAR

- Se formula el procedimiento para la evaluación y el seguimiento de la propuesta curricular
- Se precisan los mecanismos mediante el cual se sistematizará la experiencia curricular
- Se establecen los posibles hallazgos, transformaciones y beneficios del cambio curricular

CONCLUSIONES

- Explican los principales productos y procesos de la problemática curricular estudiada
- Se valoran críticamente los resultados obtenidos
- Los resultados son congruentes y se derivan de los resultados del proceso de construcción de la propuesta curricular
- Reafirma los principales hallazgos y resultados del proceso
- Recomienda algunos planteamientos que deben tratarse con mayor profundidad

BIBLIOGRAFÍA

Toda la bibliografía se desarrolla mediante el estilo APA, última edición

A manera de reflexión final sobre el proceso metodológico para una intervención curricular

Diseñar e implementar un proyecto curricular mediante las distintas fases en la lógica de un proceso de investigación, logrará crear un diseño curricular innovador y de calidad. Es necesario repensar los procesos educativos y evitar el estancamiento de los modelos académicos y por lo tanto, evitar la obsolescencia de los programas educativos. Se trata de generar conocimiento, en el marco de valores como la equidad, tolerancia, justicia, y una visión de desarrollo sostenible.

Se debe tomar en cuenta a todos los actores implicados dentro del sistema educativo, desde administrativos hasta los alumnos que serán los beneficiarios directos de las propuestas que se formulen para la práctica educativa, ya que el tener distintos enfoques sobre un mismo tema puede retroalimentar enormemente al currículo.

El cambio en las prácticas es posible y necesario, ya que las barreras se imponen desde las trincheras personales e institucionales. Se reconoce, de igual manera, que estos cambios en la educación superior son posibles desde una posición de trabajo en comunidad y dependerá de la capacidad de construir colegidadamente un pacto educativo para la mejora continua y búsqueda de calidad y bienestar para el alumnado de la educación superior.

REFERENCIAS BIBLIOGRÁFICAS

Ander-Egg, E. (2003). *Repensando la investigación-acción participativa.* México: Lumen Hvmanitas.

Bautista, N. (2011). *Proceso de la investigación cualitativa.* Bogotá, Colombia: Manual moderno.

Bagú, S. (1997*). Catástrofe política y teoría social.* Ciudad de México, México: Siglo XXI/UNAM.

Banco Mundial (2003). Construir sociedades de conocimiento: Nuevos desafíos para la educación terciaria. Recuperado de: http://siteresources.worldbank.org/TERTIARYEDUCATION/Resources/Documents/Constructing-Knowledge-Societies/CKS-spanish.pdf

Best, J. (1982). *Como investigar en educación.* Madrid, España: Ediciones Morata.

Biggs, J. (2010). *Calidad del Aprendizaje Universitario.* Ciudad de México, México: ANUIES.

Burton, R. C. (1991). *El sistema de educación superior. Una visión comparativa de la organización académica.* Ciudad de México, México: Nueva Imagen.

Cabrerizo, D. J. (1999). *Diseño, Desarrollo e Innovación Curricular: Teoría y Práctica.* Madrid, España: Universidad de Alcalá.

Castells, M. (1996). *La era de la información. Economía, sociedad y cultura.* Vol. 1 Ciudad de México, México: siglo XXI.

Castro, S. B. (2001). La organización educativa una aproximación desde la complejidad. Estudios pedagógicos. Recuperado de http://www.redalyc.org/pdf/1735/173513844007.pdf Redalyc Sistema de Información Científica Red de Revistas Científicas de América Latina.

Cohen, E. y Franco, L. (2000). Evaluación de proyectos sociales. Recuperado de http://books.google.com.mx/books?id=Uz7IeGnN1mk C&printsec=frontcover&hl=es&source=gbs_ge_summary_r&cad=0#v=onepage&q&f=false

Chacón, M. (2010). Concepto, objetivos y funciones de la animación sociocultural. *Revista digital Innovación y experiencias educativas.* España.

Chan, N. M. E., Tiburcio, S. A. (2002). *Guía para la Elaboración de Materiales Educativos Orientados al Aprendizaje Autogestivo.* Jalisco, México: Universidad de Guadalajara.

Consejo Académico Científico Internacional de la Multidiversidad Mundo Real. (2006). Modelo educativo. Una aproximación axiológica de transdisciplinaria y pensamiento complejo. México.

Crozier, M. y Friedberg, E. (1990). *El actor y el sistema. Las restricciones de la acción colectiva.* Ciudad de México, México: Alianza Editorial Mexicana.

De Alba, A. (1999). "Curriculum and society: rethinking the link". International Review of Education. November 1999, volume 45, Issue 5-6, pp 479-490. Recuperado de http://rd.springer.com/article/10.1023/A%3ª 1003831108878#page-2

Díaz, M. (2009). "Seminarios y talleres". En: *Metodologías de Enseñanza y Aprendizaje para el Desarrollo de Competencias.* Oviedo, España: Universidad de Oviedo.

Díaz Barriga, A. A. (2003). Curriculum, Tensiones Conceptuales y Prácticas. *Revista Electrónica de Investigación Educativa* 5(002) Ensenada, México: Universidad Autónoma de Baja California. Pp. 81 – 93.

Díaz Barriga, A. F. (2010). *Metodología básica de diseño curricular descripción general de la metodología básica de diseño curricular para la educación superior.* Ciudad de México, México: Trillas.

------------ (1993). Aproximaciones metodológicas al diseño curricular hacia una propuesta integral. *Revista Tecnología y Comunicación Educativa.* No. 21. Marzo México. Recuperado de http://investigacion.ilce.edu.mx/stx.asp?id=2562&db=&ver=

Didriksson, A., "Sobre las (in)competencias en la educación". *Revista Dialéctica 33* (42), 2009 - 2010.

Drucker, P. F. (2016). Las cinco claves de Peter Drucker. El liderazgo que marca la diferencia. New Jersey, EE. U.U: Profit Editorial. Recuperado de www.profiteditorial.com

Dussel, I. Las nuevas alfabetizaciones en el Nivel Superior (2006). "Los desafíos de las nuevas alfabetizaciones: Las transformaciones en la escuela y en la formación docente". Seminario Virtual. Instituto Nacional de Formación Docente. Recuperado de http://coleccion.educ.ar/coleccion/CD30/contenido/pdf/dussel.pdf

Elmore, R. (1978). "Modelos organizacionales para el análisis de la implementación de programas sociales", vol. 26, n. 2, 1978, pp. 185-228. Traducción al español de Gloria Elena Bernal. Recuperado de http://es.scribd.com/doc/46233429/3-Elmore-Modelos-Organizacionales-Implementacion-Progs-Socs

Elliot. J. (1990). *La investigación acción en educación.* Madrid, España: Ediciones Morata.

Escudero, M. J.M (1999) *Diseño, desarrollo e Innovación del currículum.* Madrid, España: Síntesis.

Freire, P. (1970). *La pedagogía del Oprimido.* Ciudad de México, México: Siglo Veintiuno Editores.

----------- (2001). *La importancia de leer y el proceso de liberación*. Ciudad de México, México: Siglo Veintiuno Editores.

García F., J. A., Tobón, S. y López, R. N. M. (2009). "La Evaluación de las Competencias: El Método Matricial Complejo" en: *Currículo, didáctica y evaluación por competencias*. Lima, Perú: A. B. Representaciones Generales. S.R.L.

García L., B. E. (2007). *Elementos para un Análisis de las Mallas Curriculares de los Programas Académicos de la Universidad Pontificia Bolivariana de Medellín*. Medellín, Colombia: Universidad Pontificia Bolivariana.

Gibbons, M. (1998). *Higher Education Relevance in the 21st Century*. Washington DC, EE.UU: World Bank.

Giddens, A. (2000). *Un mundo desbocado. Los efectos de la globalización en nuestras vidas*. Madrid, España: Taurus-Alfaguara.

Gimeno S., J. (2007*). El Curriculum: Una Reflexión sobre la Práctica*. Madrid, España: Morata.

----------- (2008). *Diez tesis sobre la aparente utilidad de las competencias en educación*. Madrid, España: Morata.

---------- (2010). *Saberes e Incertidumbres del Currículum*. Madrid, España: Morata.

Gunter, P. (2011). *La economía azul*. Madrid, España:Tusquets Editores.

Hawes, G. (2010). Perfil de Egreso. Recuperado de http://www.gustavohawes.com/Educacion%20Superior/2010Perfil%20de%20egreso.pdf

Horruitiner, P. El proceso de formación: sus características. Capítulo II. En: Universidad Cubana: el modelo de formación. *Revista Pedagógica Universitaria*. 12 (4). 2007.

Khun, T. (1967). *La estructura de las revoluciones científicas.* Reedición. Ciudad de México, México: Fondo de Cultura Económica.

Lopez, C. M. (2006). Educar para la vida obedeciendo a la vida y guiando la vida. Recuperado de https://www.researchgate.net/publication/28227677_Educar_para_la_vida_obedeciendo_a_la_vida_y_guiando_la_vida_Cinco_fabulas_y_una_confabulacion

Martínez, D., Reygadas, R., Villaseñor, G. "El Diseño Curricular en la Universidad Autónoma Metropolitana Xochimilco" (Un estudio exploratorio desde la práctica docente). ANUIES. No. 74. Recuperado de http://www.anuies.mx/servicios/p_anuies/publicaciones/revsup/res074/txt2.htm

Marzano, R. J., Pickering, D. J. (2005). *Dimensiones del Aprendizaje: Manual para el maestro.* Jalisco, México: ITESO.

Mateos M. A. (2001). *Etimologías Latinas del Español.* Ciudad de México, México: Editorial Esfinge.

Merino, J. (1997). *Programas de Animación Sociocultural. Tres instrumentos para su diseño y evaluación.* Madrid, España: Narcea.

Morín, E. (1999). Los siete saberes necesarios para la educación del futuro. Publicado en octubre de 1999 por la ONU. Recuperado de http://unesdoc.unesco.org/images/0011/001177/117740so.pdf

Moscote, M., Pitre, L., Robledo, S., y Suárez, B. (2007). "Fundamentos del Currículo". Recuperado de http://www.slideshare.net/doris3m/fundamentos-del-curriculo

Ojeda, M. y Veiravé D. (s.f.) El diseño curricular, una práctica docente. Análisis de las concepciones epistemológicas, pedagógicas, didácticas y de los factores institucionales. Recuperado de http://www.unne.edu.ar/Web/cyt/cyt/humanidades/h-015.pdf

Olive, L. (2009). *Sociedades del conocimiento, Desafíos para México.* Ciudad de México, México: UNAM.

Oloriz., M.G. (s.f.) Análisis de la estructura académica de la Universidad Nacional de Lujan, Mar del Plata. Argentina. Recuperado de http://nulan.mdp.edu.ar/682/1/oloriz_mg.pdf

Peñaloza, W. (2005). El Curriculum Integral. Recuperado de http://www.unmsm.edu.pe/educacion/postgrado/curriculo.pdf

Pereyra, A. (2011). Zonas de indeterminación curricular: tensiones entre lo impuesto y lo practicado en las micropolíticas escolares. *Revista Digital Sociedad de la información* N. 28. Mayo 2011. Cefalea Ed.

Pérez, L. A. (2009). ¿Para qué educamos hoy? Recuperado de http://www.perueduca.pe/foro?p_p_id=19&p_p_lifecycle=1&p_p_state=exclusive&p_p_mode=view&p_p_col_id=column-3&p_p_col_count=1&_19_struts_action=%2Fmessage_boards%2Fget_message_attachment&_19_messageId=92615017&_19_attachment=para+que+educamos+hoy.pdf.

---------- (2010) En La Universidad Inteligente para el siglo XXI. En X Coloquio Internacional sobre Gestión Universitaria en América del Sur. "Balance y prospectiva de la Educación Superior en el marco de los Bicentenarios de América del Sur". Mar de la Plata 8, 9 y 10 de diciembre de 2010.

Pérez, G. (2001). *Modelos de investigación cualitativa en educación social y animación sociocultural.* Madrid, España: Narcea.

Peréz, R. (2003). Un Nuevo Curriculum para la Sociedad del Conocimiento. *Temas Pedagógicos* (8), pp. 12 – 27.

Perrenoud, P. (2004). *Desarrollar la práctica reflexiva en el oficio de enseñar. Profesionalización y razón pedagógica.* Barcelona, España: Graó.

Pinar, W. F. (2014). *La Teoría del Curriculum.* Ciudad de México, México: Narcea.

PRELAC (2003). El círculo del debate, Proyecto Regional de Educación para América Latina y el Caribe N0. 3. Recuperado de http://www.elcorreo.eu.org/IMG/pdf/doc-1252.pdf 2006

----------- (2006). "Estudio sobre gestión y desarrollo curricular en países de América Latina". Ponencia presentada en el contexto de la Segunda Reunión del comité Intergubernamental del Proyecto Regional de Educación para América Latina y el Caribe Santiago de Chile, 11-13 de mayo de 2006. Recuperado de http://www.elcorreo.eu.org/IMG/pdf/doc-1252.pdf 2006

Rosario, M. V. M y Marúm, E. E. Tendencias de las profesiones del área económico-administrativa. *Perfiles Educativos,* vol. XXIII, núm. 93, 2001, pp. 44-58 Instituto de Investigaciones sobre la Universidad y la Educación. Distrito Federal, México.

Sánchez, P. R. (2000). *Didáctica de la problematización en el campo científico de la educación.* Recuperado de http://www.redalyc.org/pdf/132/13206108.pdf

Sánchez, R. I., Sosa, E. R. (2004). *América Latina: los desafíos del pensamiento crítico.* Ciudad de México, México: Siglo XXI.

Schmelkes, S. (2001). *La investigación en la innovación educativa.* Ciudad de México, México: CINVESTAV.

Senge, P. (2009). *La quinta disciplina en la práctica. Estrategias y herramientas para construir la organización abierta al aprendizaje.* Buenos Aires, Argentina: Ediciones Garnica.

---------- (2000). *Escuelas que aprenden.* New York, EE.UU:

Stephen, R. (2004). *Comportamiento organizacional.* Ciudad de México, México: Prentice Hall.

Schön, D., (1992). *La formación de profesionales reflexivos.* Barcelona, España: Paidós.

Tapscott, D. y Williams, A. (2011). *Macrowikinomics. Nuevas fórmulas para impulsar la economía mundial.* Barcelona, España: Ed. Paidós.

Tobón, S. El enfoque complejo de las competencias y el diseño curricular. *Revista Acción pedagógica,* No. 16. 2007., p. 14-28.

Tobón, S., et al., (2010). *Proyecto formativo: desarrollo y evaluación de competencias.* Ciudad de México, México: Book

Torres, E., G.C. (1984). *Didáctica y Currículum, Diseño Curricular, Metodología para el perfeccionamiento del currículum en su esfera de acción.* Ciudad de México, México: Nuevomar.

---------- (1995), "Planeación Educativa y Diseño Curricular". En: La Planeación Curricular. Ciudad de México, México: Editorial Trillas.

Tuning América Latina (2007). *Reflexiones y perspectivas de la educación superior en América Latina. Informe final 2004-2007.* Bilbao, España: Universidad de Deusto.

UNESCO (1998). "Herramientas de capacitación para el desarrollo curricular".
Módulos Básicos. 1 - 8. UNESCO. Oficina Internacional de Educación. Recuperado de
http://www.ibe.unesco.org/fileadmin /user_upload/COPs/Pages_ documents/Resource_Packs/TTCD/sitemap/Modulo_8/Modulo_8.html

UNESCO (2004). La Conferencia Mundial sobre el Derecho a la Educación y los Derechos en la Educación, Ámsterdam Recuperado de http://unesdoc.unesco.org/images/0014/001471/147101e.pdf

UNESCO (2005). Hacia las sociedades del conocimiento. Recuperado de http://unesdoc.unesco.org/images/0014/001419/141908s.pdf

UNESCO (2009). Conferencia Mundial sobre la Educación Superior. Recuperado de http://unesdoc.unesco.org/images/0014/001419/141908s.pdf

Velasco, U. R. (1982). "Notas acerca del diseño curricular, la definición de fases y el Diseño Modular: un ejemplo", en *Cuadernos de Formación docente*, D.C.B.S., Ciudad de México, México: UNAM-Xochimilco.

Yániz, C. (2008). Las competencias en el currículo universitario: Implicaciones para diseñar el aprendizaje y para la formación del profesorado. *Revista de Docencia Universitaria*. Número Monográfico 1°. Recuperado de http://www.redu.um.es/Red_U/ml/

Zanfrillo, A. I. y González, C. M. I. (2011). Un aporte al diseño curricular desde la perspectiva de los actores del medio socio-productivo. Recuperado de http://www.utm.mx/edi_anteriores/temas41/2NOTAS_41_3.pdf

Zamorano, F. (2004). *Turismo Alternativo. Servicios turísticos diferenciados*. Ciudad de México, México: Ed. Trillas.

Zemmelman, H., (2005). *Voluntad de Conocer. El sujeto y su pensamiento en el paradigma crítico*. Barcelona, España: Anthropos-UNACH.

APÉNDICE ÚNICO

Rúbrica para evaluar proyectos de diseño, reestructuración y actualización curricular

INSTITUCIÓN _____
Nombre del proyecto _____
Autor: _____
Fecha _____
Coevaluadores _____

Rúbrica para la evaluación del proyecto curricular

Nivel de dominio Criterios	Excelente (100)	Bueno (90)	Regular (80)	No satisfactorio (70)
Documento con la estructura e indicadores establecidos para la presentación y evaluación del documento final con el producto-documento del proceso de la innovación e intervención curricular.	El documento presenta **ocho** apartados: **INTRODUCCIÓN** - Se establece la importancia de la propuesta de diseño curricular en función de los beneficios y cambios curriculares que se esperan - Se explica de manera general los alcances de la propuesta especificando el objeto curricular, los sujetos involucrados y el ámbito curricular que se afecta. - Describe de manera general los contenidos del documento que se presenta **I. Descripción y autodiagnóstico de la problemática curricular** - Se explican las formas de organización del equipo curricular - Se establecen las características del ámbito y de la población involucrada en el proceso curricular - Se plantean las acciones tendientes para obtener la información sobre la problemática curricular	El documento presenta **siete** apartados: **INTRODUCCIÓN** - Se establece la importancia de la propuesta de diseño curricular en función de los beneficios y cambios curriculares que se esperan - Se explica de manera general los alcances de la propuesta especificando el objeto curricular, los sujetos involucrados y el ámbito curricular que se afecta. - Describe de manera general los contenidos del documento que se presenta **I. Descripción y autodiagnóstico de la problemática curricular** - Se explican las formas de organización del equipo curricular - Se establecen las características del ámbito y de la población involucrada en el proceso curricular - Se plantean las acciones tendientes para obtener la información sobre la problemática curricular	El documento presenta **seis** apartados: **INTRODUCCIÓN** - Se establece la importancia de la propuesta de diseño curricular en función de los beneficios y cambios curriculares que se esperan - Se explica de manera general los alcances de la propuesta especificando el objeto curricular, los sujetos involucrados y el ámbito curricular que se afecta. - Describe de manera general los contenidos del documento que se presenta **I. Descripción y autodiagnóstico de la problemática curricular** - No se explican las formas de organización del equipo curricular - Se establecen las características del ámbito y de la población involucrada en el proceso curricular - Se plantean las acciones tendientes para obtener la información sobre la problemática curricular	El documento presenta **cinco o menos** apartados: **INTRODUCCIÓN** - No se establece la importancia de la propuesta de diseño curricular en función de los beneficios y cambios curriculares que se esperan - Se explica de manera general los alcances de la propuesta especificando el objeto curricular, los sujetos involucrados y el ámbito curricular que se afecta. - Describe de manera general los contenidos del documento que se presenta **I. Descripción y autodiagnóstico de la problemática curricular** - No se explican las formas de organización del equipo curricular - Se establecen las características del ámbito y de la población involucrada en el proceso curricular - Se plantean las acciones tendientes para obtener la información sobre la problemática curricular

· Se involucran a los actores del proceso para la socialización y obtención de la información sobre la problemática curricular · Se precisan los hallazgos del autodiagnóstico que permite llegar a establecer la relación entre problemas e identificar el problema central.	· No se involucran a los actores del proceso para la socialización y obtención de la información sobre la problemática curricular · No se precisan los hallazgos del autodiagnóstico que permite llegar a establecer la relación entre problemas e identificar el problema central.	· No se involucran a los actores del proceso para la socialización y obtención de la información sobre la problemática curricular · No se precisan los hallazgos del autodiagnóstico que permite llegar a establecer la relación entre problemas e identificar el problema central.	· No se involucran a los actores del proceso para la socialización y obtención de la información sobre la problemática curricular · No se precisan los hallazgos del autodiagnóstico que permite llegar a establecer la relación entre problemas e identificar el problema central.
II.- **Fundamentación del problema elegido: vincular la teoría con la práctica curricular** · Se presenta el marco de referencia personal sobre la problemática que se aborda en el sentido de lo que significa su posible solución · Se especifican los conceptos teóricos que fundamentan la problemática curricular. · Hay congruencia entre los conceptos teóricos seleccionados y la problemática tratada. · Se vinculan los conceptos teóricos seleccionados con la problemática curricular vista desde la propia práctica · Con la teoría seleccionada se establecen los lineamientos del cambio y transformación de las prácticas académicas de los actores involucrados.	II.- **Fundamentación del problema elegido: vincular la teoría con la práctica curricular** · No se presenta el marco de referencia personal sobre la problemática que se aborda en el sentido de lo que significa su posible solución · Se especifican los conceptos teóricos que fundamentan la problemática curricular. · Hay congruencia entre los conceptos teóricos seleccionados y la problemática tratada. · Se vinculan los conceptos teóricos seleccionados con la problemática curricular vista desde la propia práctica · La teoría seleccionada no establece los lineamientos del cambio y transformación de las prácticas académicas de los actores involucrados.	II.- **Fundamentación del problema elegido: vincular la teoría con la práctica curricular** · No se presenta el marco de referencia personal sobre la problemática que se aborda en el sentido de lo que significa su posible solución · Se especifican los conceptos teóricos que fundamentan la problemática curricular. · Hay congruencia entre los conceptos teóricos seleccionados y la problemática tratada. · Se vinculan los conceptos teóricos seleccionados con la problemática curricular vista desde la propia práctica · La teoría seleccionada no establece los lineamientos del cambio y transformación de las prácticas académicas de los actores involucrados.	II.- **Fundamentación del problema elegido: vincular la teoría con la práctica curricular** · No se presenta el marco de referencia personal sobre la problemática que se aborda en el sentido de lo que significa su posible solución · Se especifican los conceptos teóricos que fundamentan la problemática curricular. · No hay congruencia entre los conceptos teóricos seleccionados y la problemática tratada. · Se vinculan los conceptos teóricos seleccionados con la problemática curricular vista desde la propia práctica · La teoría seleccionada no establece los lineamientos del cambio y transformación de las prácticas académicas de los actores involucrados.

III.- Formulación del problema y propuesta de solución (estrategias y rol de los actores)	III.- Formulación del problema y propuesta de solución (estrategias y rol de los actores)	III.- Formulación del problema y propuesta de solución (estrategias y rol de los actores)	III.- Formulación del problema y propuesta de solución (estrategias y rol de los actores)
. Se establecen tanto la justificación como los objetivos del cambio curricular . Las acciones propuestas para la solución del problema, plantea una fase previa de sensibilización . Se establecen los roles de los actores involucrados en la solución del problema . Se especifican los posibles obstáculos y las facilidades existentes para llevar a cabo el cambio curricular . Se diseñan las actividades para la transformación curricular desde una lógica colegiada, colaborativa, colectiva e incluyente. . Se establecen los mecanismos e instrumentos para la recuperación de las experiencias vividas	. Se establecen tanto la justificación como los objetivos del cambio curricular . Las acciones propuestas para la solución del problema, no plantean una fase previa de sensibilización . Se establecen los roles de los actores involucrados en la solución del problema . Se especifican los posibles obstáculos y las facilidades existentes para llevar a cabo el cambio curricular. Se diseñan las actividades para la transformación curricular desde una lógica colegiada, colaborativa, colectiva e incluyente. . No se establecen los mecanismos e instrumentos para la recuperación de las experiencias vividas	. Se establecen tanto la justificación como los objetivosdel cambio curricular . Las acciones propuestas para la solución del problema, no plantean una fase previa de sensibilización . Se establecen los roles de los actores involucrados en la solución del problema . Se especifican los posibles obstáculos y las facilidades existentes para llevar a cabo el cambio curricular. Se diseñan las actividades para la transformación curricular desde una lógica colegiada, colaborativa, colectiva e incluyente. . No se establecen los mecanismos e instrumentos para la recuperación de las experiencias vividas	. Se establecen tanto la justificación como los objetivos del cambio curricular . Las acciones propuestas para la solución del problema, no plantean una fase previa de sensibilización . Se establecen los roles de los actores involucrados en la solución del problema . Se especifican los posibles obstáculos y las facilidades existentes para llevar a cabo el cambio curricular. Se diseñan las actividades para la transformación curricular desde una lógica colegiada, colaborativa, colectiva e incluyente. . No se establecen los mecanismos e instrumentos para la recuperación de las experiencias vividas
IV. Proceso para la evaluación del cambio curricular (instrumentos, evidencias y resultados)	IV. Proceso para la evaluación del cambio curricular (instrumentos, evidencias y resultados)	IV. Proceso para la evaluación del cambio curricular (instrumentos, evidencias y resultados)	IV. Proceso para la evaluación del cambio curricular (instrumentos, evidencias y resultados)
. Se formula el procedimiento para la evaluación y el seguimiento de la propuesta curricular	. Se formula el procedimiento para la evaluación y el seguimiento de la propuesta curricular	. Se formula el procedimiento para la evaluación y el seguimiento de la propuesta curricular	. Se formula el procedimiento para la evaluación y el seguimiento de la propuesta curricular

	. Se precisan los mecanismos mediante el cual se sistematizará la experiencia curricular . Se establecen los posibles hallazgos, transformaciones y beneficios del cambio curricular **CONCLUSIONES** . Explican los principales productos y procesos de la problemática curricular estudiada . Se valoran críticamente los resultados obtenidos . Los resultados son congruentes y se derivan de los resultados del proceso de construcción de la propuesta curricular . Reafirma los principales hallazgos y resultados del proceso . Recomienda algunos planteamientos que deben tratarse con mayor profundidad	. Se precisan los mecanismos mediante el cual se sistematizará la experiencia curricular . No se establecen los posibles hallazgos, transformaciones y beneficios del cambio curricular **CONCLUSIONES** . Explican los principales productos y procesos de la problemática curricular estudiada . Se valoran críticamente los resultados obtenidos . Los resultados son congruentes y se derivan de los resultados del proceso de construcción de la propuesta curricular . Reafirma los principales hallazgos y resultados del proceso . Recomienda algunos planteamientos que deben tratarse con mayor profundidad	. Se precisan los mecanismos mediante el cual se sistematizará la experiencia curricular . No se establecen los posibles hallazgos, transformaciones y beneficios del cambio curricular **CONCLUSIONES** . Explican los principales productos y procesos de la problemática curricular estudiada . Se valoran críticamente los resultados obtenidos . Los resultados son congruentes y se derivan de los resultados del proceso de construcción de la propuesta curricular . Reafirma los principales hallazgos y resultados del proceso . No recomienda algunos planteamientos que deben tratarse con mayor profundidad	. Se precisan los mecanismos mediante el cual se sistematizará la experiencia curricular . No se establecen los posibles hallazgos, transformaciones y beneficios del cambio curricular **CONCLUSIONES** . No se explican los principales productos y procesos de la problemática curricular estudiada . Se valoran críticamente los resultados obtenidos . Los resultados son congruentes y se derivan de los resultados del proceso de construcción de la propuesta curricular . Reafirma los principales hallazgos y resultados del proceso . No recomienda algunos planteamientos que deben tratarse con mayor profundidad
Bibliografía	Toda la bibliografía se desarrolla mediante el estilo APA.	Toda la bibliografía se desarrolla mediante el estilo APA.	De manera parcial la bibliografía se desarrolla mediante el estilo APA	No se desarrolla la bibliografía mediante el estilo APA

Valoración de los resultados:

Comentarios

CPSIA information can be obtained
at www.ICGtesting.com
Printed in the USA
BVHW031036181019
561476BV00006B/31/P